주제별 독서치료 시리즈

KB140581

우울 극복을 위한 독서치료

임성관·김은하·문선경·이현정

임성관

2004년 2월에 휴독서치료연구소를 설립해 2020년 3월까지 소장으로 일했으며, 현재는 경기대학교 교육대학원 사서교육전공 조교수로 근무 중입니다. 더불어 휴독서치료연구소 고문, 한국독서교육연구학회 회장, 한국도서관협회 독서문화위원회 위원, 천안시공공도서관 및 작은도서관 운영위원회 위원, 국립어린이청소년도서관 도서관이야기 편집위원, 국방부 진중문고 분야별 외부 추천 전문가, 경기도교육청 사람 책, 법무부 소년보호위원, 문화체육관광부 및 한국예술인복지재단 인증 문학인으로도 활동하면서, 43권의 책과 70편의 논문을 발표하는 등 우리나라 독서문화진흥을 위해 다방면으로 노력하고 있습니다.

김은하

대학원 석사과정에서는 청소년상담을, 대학교에서는 국어국문학과 특수교육을 전공했습니다. 현재 휴독서치료연구소 연구원으로 활동 중이며, 아동, 청소년, 성인, 장애인, 물질중독자와 연계된 프로그램을 학교, 도서관, 군부대, 소년원 등에서 진행했습니다. 성남중앙도서관, 분당도서관, 인천마약퇴치운동본부, 성남시중독관리통합지원센터 등에서 독서치료, 미술치료, 푸드 아트와 관련된 프로그램을 운영하고 있습니다. 『청소년을 위한 독서치료 1, 2』와 『독서로 풀어가는 난독증 1』의 공저자이며, 『독서치료 프로그램이 지역아동센터 초등고학년의 스트레스 해소에 미치는 효과』 논문도 있습니다.

문선경

대학원 석사과정에서는 심리치료교육전공을, 대학교에서는 청소년교육학을 전공했습니다. 현재 휴독서치료연구소 연구원으로 활동 중이며, 건강가정지원센터와 사설 상담센터에서 전문상담사로도 근무하고 있습니다. 아동, 청소년, 성인을 대상으로 건강한 소통과 마음 근육을 키우기 위한 프로그램 개발과 활동에 주력하고 있습니다. 논문으로 『상담전공대학원생의 계획된 우연기술과 진로관여행동의 관계에서 진로결정자기효능감의 매개효과』가 있습니다.

이현정

대학원 석사과정에서 청소년교육전공을, 대학교에서는 유아교육과 청소년교육을 전공했습니다. 현재 휴독서치료연구소 연구원으로 활동 중이며, 학교, 도서관, 정신건강증진센터 등에서 아동 및 청소년, 성인 정신 장애인들을 만나 독서심리상담, 푸드심리상담, 독서지도 프로그램 등을 운영하고 있습니다.

우울 극복을 위한
독서치료

임성관 · 김은하
문선경 · 이현정

목차

우울 극복을 위한

독서치료

들어가기

우울은 '마음의 감기'에 비유되고는 한다. 이와 같은 비유를 누가, 언제, 왜 하게 되었는지는 모르겠지만, 그만큼 많은 사람들에게 나타날 수 있는 현상이기 때문에 너무 심각하게 생각하지 말라는 의도가 아니었을까 짐작해 본다. 아무튼 오랜 기간 동안 여러 사람들에 의해 자주 인용되고 있는데, 하지만 모든 우울이 '감기'에 비유되는 것은 바람직하지 않다.

왜냐하면 '우울감'은 누구나 느낄 수 있는 '기분'이지만, '우울증'은 특정인들만 갖고 있는 '질병'이며 혼자만의 힘으로 극복하기가 어렵기 때문이다. 따라서 '우울감'은 '감기'에 비유해도 무방하지만 '우울증'은 '독감'이나 '폐렴' 정도가 적합하다. 즉, '우울감'은 날씨가 흐리거나 비만 내려도 느낄 수 있는 기분이기 때문에 맑은 날씨로 바뀌기만 해도 쉽게 사라질 수 있지만, '우울증'은 전문가들의 개입에 따른 치료가 반드시 필요하다는 의미이다.

그렇다면 미국정신의학협회(American Psychiatric Association)에서 출판해 전 세계적으로 정신질환의 진단에 있어 가장 널리 사용되고 있는 DSM[1](정신질환 진단 및 통계 편람, Diagnostic and Statistical Manual of Mental Disorders)에서는 우울장애 중 '주요 우울 장애(Major depressive disorder)'의 진단 기준을 어떻게 제시하고 있는지 살펴보자.

주요 우울 장애의 진단 기준

다음 9가지의 증상 중 5가지 이상이 최소 2주 간 거의 매일 지속되어야 한다. 최소한 한 가지 증상은 '우울한 기분' 또는 '흥미나 쾌락의 상실'이 포함되어야 한다.

---

1) APA 지음, 권준수 외 옮김. 2015. 『DSM-5 정신질환의 진단 및 통계 편람』. 서울: 학지사.

- 거의 하루 종일 지속되는 우울한 기분(Mood)

- 거의 모든 활동에서 흥미와 쾌감의 감소(Interest)

- 현저한 체중 감소 또는 증가, 식욕의 감소 또는 증가(Appetite)

- 불면 또는 수면 과다(Sleep)

- 정신운동성 초조 또는 지체(Psychomotor)

- 피로 또는 에너지 상실(Energy)

- 무가치감 또는 과도하거나 부적절한 죄책감(Guilt)

- 사고능력 또는 집중력의 저하 또는 우유부단(Concentration)

- 반복적인 죽음에 대한 생각, 자살 사고 또는 자살기도 또는 자살기도에 관한 구체적 계획
  (Suicide)

임상적으로 의미 있는 고통이나 대인관계, 직업을 포함한 주요 영역의 기능 저하를 일으킨다. 약물 등 섭취 물질이 질병으로 인해 야기된 생리적 효과로 인한 것이 아니어야 한다.

살펴본 바와 같이 우울증의 핵심 증상은 2주 연속으로 경험하는 우울한 기분 또는 흥미나 즐거움의 상실이다. 또한 체중이나 수면 시간의 변화, 정신운동성 초조, 피로감이나 에너지의 상실, 과도한 죄책감과 집중력의 감소, 죽음에 대한 생각이나 시도에 대한 계획과 같은 현상이 지속되어, 일상생활을 영위하는데도 어려움이 따라야 한다.

우리나라는 OECD 국가들 가운데 자살률이 가장 높은 곳이다. 서울아산병원 정신건강의학과에 근무하고 있는 신용욱 교수 등은 국민건강보험공단이 2002년부터 2013년까지 전국의 각 병원에서 진료를 받은 환자들 중 연령과 무관하게 무작위로 약 100만 명 이상의 진료 빅 데이터를 추출한 표본 코호트 자료를 분석하여 2020년 10월 'scientific reports'[2]에 게재하였다. 논문의 결과에 따르면, 2002년에는 우울증 환자의 수가 전체 표본 대비 약 2.8%였는데 2013년에는 약 5.3%로 2배 가까이 증가했음을 알 수 있다. 또

---

2) 김가은, 조민우, 신용욱. 2020. Increased prevalence of depression in South Korea from 2002 to 2013. *scientific reports*, 2020(10): 1-9.

한 남성의 약 3.9%와 여성의 약 6.8%가 우울증을 겪고 있는 것으로 나타나 남성보다는 여성이 우울증을 앓을 확률이 훨씬 높다는 것도 알 수 있었다. 게다가 연령이 증가할수록 우울증 환자의 비율 또한 높아졌는데 2-30대는 약 2.7%, 4-50대는 약 5.7%, 6-70대는 약 13.9%, 80대 이상은 약 18.4%가 증상을 겪은 것으로 나타났다. 마지막으로 우울증을 앓고 있으면 그렇지 않은 사람에 비해 자살률이 4배나 높은 것으로도 나타났다.

국내에서는 보건복지부 학술연구 일환으로 정신질환실태 역학조사를 2001년 이후 매 5년마다 주기적으로 실시하고 있다. 가장 최근에 보고된 '2016년도 정신질환실태 조사' 연구 결과에 따르면, 전체 정신질환의 평생 유병율은 25.4%(남자 28.8%, 여자 21.9%)였다. 정신질환의 1년 유병률은 11.9%(남자 12.2%, 여자 11.5%)로 보고되었다. 특히 주요 우울 장애의 평생 유병률은 전체 5.0%(64세 이하 5.1%), 남자 3.0%, 여자 6.9%로 여자에서 2배 이상 높았다. 1년 유병률은 전체 1.5%(64세 이하 1.6%), 남자 1.1%, 여자 2.0%로 나타났다.[3]

그렇다면 2021년인 현재 상황은 어떨까? 아직 올해의 통계는 발표된 것이 없기 때문에 정확하게 알 수 없다. 하지만 2020년부터 본격적으로 확산되어 순식간에 삶의 형태를 바꾸어 놓은 코로나-19의 영향으로 '코로나 블루'라는 용어가 만들어질 정도로 우울증이 증가했다고 하니, 앞서 살펴본 통계에서의 비율보다 높아질 가능성이 크다. 실제로 코로나-19의 영향이 벌써 1년 이상 지속이 되고 있어 지칠 대로 지친 사람들도 많기 때문에 당분간 증가 추세가 이어질 것으로 전망된다.

'베르테르 효과(Werther effect)'는 유명인 또는 평소 선망하거나 존경하던 인물이 자살할 경우, 유명인이 자신과 비슷한 어려움에 처해 있던 것을 느꼈을 때 심리적으로 영향을 더 크게 받고 유명인과 자신을 동일시 시켜 유사한 방식으로 잇따라 자살이 일어나는 사회적 현상을 일컫는다. 이는 곧 우울증 또한 다른 사람들에게 부정적 영향을 미치는 전염 효과가 있다는 것인데, 1차적으로 자신을 죽이고 2차적으로 가족 등 가까운 사람에서부

---

3) 홍진표 외. 2017. 『2016년도 정신질환실태조사』. 서울: 보건복지부·삼성서울병원.

터 타인들의 삶도 앗아갈 수 있으므로 예방과 치료에 적극적일 필요가 있다.

이 책은 주제별 독서치료 시리즈 두 번째 권으로 '우울 극복'을 목표로 하고 있다. 우울증은 아동에서부터 노인에 이르기까지 전 세대가 겪고 있는 질병이기 때문에, 극복에 도움이 될 프로그램 계획 역시 모두에게 적용할 수 있는 것들로 각각 준비해 제시했다.

마지막으로 러시아의 가장 위대한 시인으로 꼽히며 근대 러시아 문학의 창시자로 여겨지는 알렉산드르 푸슈킨(Aleksandr Sergeyevich Pushkin)의 글을 인용하며, 본격적으로 우울에 대한 이야기를 시작해 보고자 한다.

삶이 그대를 속일지라도

삶이 그대를 속일지라도
슬퍼하거나 노하지 말라!
우울한 날들을 견디면
믿으라, 기쁨의 날이 오리니

마음은 미래에 사는 것
현재는 슬픈 것
모든 것은 순간적인 것, 지나가는 것이니
그리고 지나가는 것은 훗날 소중하게 되리니

『삶이 그대를 속일지라도 / 알렉산드르 푸슈킨 지음, 박형규 옮김 / 써네스트 / 2020』

2021년 6월
필자 대표 임성관

| 우울증에 대한 이해와 독서치료 |

1. 우울증의 개념

미국정신의학협회(American Psychiatric Association)의 정신장애 진단 및 통계 편람 5판(Diagnostic and Statistical Manual of Mental Disorders, DSM-5)에서는 우울 장애(depressive disorder)군으로 분류되며, 이 중 주요 우울 장애(major depressive disorder : MDD)를 통상적으로 우울증이라 칭한다.[4]

우울증은 광범위한 증상과 행동의 복합체로 주요 우울 장애(major depressive disorder : MDD), 양극성 장애나 약물 유도 기분 장애와 같은 여러 가지 기분 장애가 임상적으로 두드러지게 나타날 수도 그렇지 않을 수도 있다. 주요 우울 장애(MDD)는 한 가지 혹은 그 이상의 주요 우울 에피소드(major depression episodes, MDEs)가 있는 것이 특징이다.[5]

우울증은 지속적인 우울한 기분, 흥미와 기쁨 상실, 급격한 체중 변화, 식욕 감퇴 또는 증진, 불면증 또는 과수면, 정신운동성 지연 또는 초조, 피로, 무가치감 또는 지나친 죄책감, 사고 또는 집중 능력 감퇴, 결정 곤란, 자살 사고 또는 자살 시도 등 인지, 정서, 신체 등의 복합적인 증상들로 인해 현실 적응에 어려움을 겪게 하고, 사회적 또는 직업적 부적응을 초래하게 하는 치명적 심리장애이다.[6]

---

4) APA 지음, 권준수 외 옮김. 2015. 앞의 책.

5) APA 지음, 권준수 외 옮김. 2015. 앞의 책.

6) APA 지음, 권준수 외 옮김. 2015. 앞의 책.

2. 우울증의 심리학적 이론

1) 정신분석 이론

Freud는 우울한 사람들은 자신의 부정적 정동(Affect)을 다른 사람에게서 거두어 자기 자신에게로 돌리는 경향이 있고, 자신의 실제 약점에 비해 과도하게 자신을 증오한다고 하였다. 그는 이 현상을 안으로 향한 분노 혹은 자기에 대한 가학증으로 묘사하였다. 또한 우울한 사람들은 처벌적인 양심 혹은 초자아를 지녔다고 믿었으며, 이들의 양심이 강해지는 이유가 다른 사람들에게 해를 끼칠 수도 있는 공격적인 감정과 분노감을 통제하기 위해서라고 하였다.[7]

Freud는 'Mourning and Melancholia'라는 논문에서 대부분의 우울 증세가 자신이 사랑하는 대상의 상실, 즉 배우자, 직업, 건강의 상실 등 외부 요인에 기인하며, 우울 증세를 겪게 되면 자기애의 추락이 나타나고 자신을 처벌해 주기를 바라는 징벌에 대한 망상적 기대가 발생한다고 하였다.[8]

Freud는 우울증을 불러오는 상실 증상의 주요 특징을 가혹한 자기 질책과 무자비한 자기 비판이 결합된 자아의 자기 멸시라고 하였다. 정신분석에서는 이러한 질책과 비난이 실제로는 대상에게 적용되고 대상에 대한 자아의 복수심을 나타낸다고 본다.[9]

Abraham 또한 우울의 시작이 사랑하는 대상과의 관계에서 발생하는 실망과 관련이 있으며, 초기 아동기에 경험한 사랑하는 대상의 상실이 무의식 안에 저장되어 있

---

7) Freud, S. 1917. Mourning and Melancholia. In the Standard Edition of the Complete Psychological Works of Sigmund Freud, Volume 14 (ed Strachey, J) 239-58. Hogarth Press, 1953.

8) Freud, S. 1917. Ibid.

9) Freud, S. 1986. *Gesammelte Werke*, 17 Bde., 1 Reg.-Bd. u. 1 Nachtrag Bd,. Bd. 12, Werkeaus den Jahren 1917-1920. 김석희 역. 2004. 『문명 속의 불만』. 서울: 열린책들.

다가 현실 대상의 상실 경험으로 인해 우울증을 불러일으킨다고 보았다.[10]

이러한 현상은 초기 아동기의 중요한 인물에게 억압받았던 내용을 현실의 대상에게 투사하는 전이 반응으로 볼 수 있는데, 이러한 전이에는 양가적 감정이 있다. 긍정적 전이로 인해 참여자의 이상화가 심해지면 현실적이지 않은 것에 대한 인식이 필요하고, 부정적 전이가 일어나 인격의 그림자 부분인 공격성이 드러날 때는 이를 올바르게 표출할 수 있어야 하는데, 그것을 받아낼 수 있는 현실 대상과 환경이 필요하다. 이러한 조건이 충족되어진 상태에서 자기표현이 되면 참여자 스스로 밖으로 투사된 그림자를 의식화하여 창조적인 것으로 변환할 수 있다.[11]

2) 대상관계 이론

Klein은 1935년에 처음으로 우울적 자리(Depressive Position)에 대해 썼다. 그녀는 자신의 논문[12]에서 생후 첫 해의 4분의 2분기 동안에 아이의 통합적 인식 능력이 발달하면서 어머니를 하나의 전체적 존재로 인식할 수 있다고 하였다. 이것이 우울적 자리의 시작으로, 아이에게 어머니는 만족감의 근원이자 동시에 좌절과 고통의 원천이기도 하다. 따라서 어머니에 대한 아이의 사랑은 양면성을 지니며 증오의 감정으로 쉽게 변하기도 한다. 상실감, 슬픔, 그리움, 죄책감과 같은 감정이 이 자리에서 생기는데, 자아는 대상에 대한 증오가 강할 때 박해 불안을 느끼고 대상에 대한 사랑이 강할 때 우울 불안을 느낀다. 우울적 자리의 발달에 있어 유아의 중심 과제는 좋고, 안정적이고, 전체적인 내적 대상을 자아의 핵심에 확립하는 것이다. 또한 새로운 방어

---

10) Abraham, K. 1911. Notes on the psycho-analytical investigation and treatment of manic-depressie insanty and allied conditions. *In Selected Papers on Psychoanalysis*, 137-56. Hogarth Press, 1927.

11) 박숙경. 2018. 『우울증을 경험한 중년여성의 개성화과정에 관한 현상학 연구』. 박사학위논문. 대한신학대학원대학교 상담치료학전공. p. 8.

12) Klein, M. 1935. A contribution to the psychogenesis of manic-depressive states. *International Journal of Psycho-Analysis*, 16: 145-174.

기제로 조직적 방어기제들이 생긴다. 그것의 주요 특징은 우울적 고통과 같은 심리적 기제를 경험하지 않기 위해서 심리적 현실을 부정하는 것이다. 또한 좋은 대상들이 파괴된 것에 대해 그것을 복구하고자 하는 보상 충동이 발달된다. 성인의 애도는 우울적 자리의 갈등을 다시 일으키는 과정이다.

Fairbairn에 따르면 유아는 엄마와의 관계에서 만족감을 주는 엄마, 유혹하는 엄마, 박탈감을 주는 엄마를 경험한다. 이때 엄마와의 관계가 만족스럽지 못하면 유아는 분리된 세 대상, 즉 만족감을 주는 이상적 대상, 흥분시키는 대상, 거절하는 대상의 특징들을 내면화하여 확립하게 된다. 대상을 사랑하고 사랑받고자 하는 인간의 근본적인 욕구가 좌절되어 어린 자아가 손상을 입으면, 그 자아는 현실 대상을 두려워하고 외부 대상을 사랑하지 못하게 되며, 내면의 자신을 흥분시키거나 거절하는 대상으로 가득차서 폐쇄적으로 되어 간다. 이럴 경우 사람들은 나쁜 내적 대상들에 애착과 충성심을 형성하며, 실제로 나쁜 대상이 지닌 나쁨을 자기 스스로 떠맡음으로써 실상을 직면하지 않으려 한다. Fairbairn은 자아의 분열이 결국 우울증과 정신분열증을 만들어 내고 우울적 역동이 양가감정과 죄책감을 가져온다고 보았다.[13]

Winnicott은 모든 사람이 처음부터 참자기의 요소를 가지고 태어난다고 하였다. 참자기는 자신만의 고유한 요소로서 창조성이라는 특징을 지니며, 인격 안에 제대로 자리 잡기 위해서는 충분히 좋은 환경이 필요하다. 환경으로서의 엄마는 아기의 공격성에 보복하지 않고 견뎌야 하며, 그럴 때에야 아기는 공격성을 인격 안에 통합하여 건강한 인격의 발달을 이룰 수 있다. Winnicott이 말하는 거짓자기 인격은 존재의 중심으로부터 도피해서 현실 세계 안에서 피상적이고 거짓되게 살아가는 사람을 일컫는다. 이들은 자신의 삶이 생동감 없고 허망하며 다 가짜라는 느낌에 시달리다가 거짓되게 살아갈 의지력을 잃게 될 때 우울증 환자로서 진면목을 드러낸다. 그에 따르면 자아의 발달은 절대적 의존 단계, 상대적 의존 단계, 독립을 향한 단계로 나아가

---

13) Fairbairn, W. R. 1952. *Psychoanalytic studies of the personality*. Routledge & Kegan Paul.

는 과정을 거치는데 자아의 통합, 몸과 정신의 통합, 대상관계 능력의 형성이라는 세 가지 발달적 성취가 필요하다.[14]

대상관계의 창시자인 Klein을 비롯한 이론가들은 인간을 근원적으로 대상관계에 있는 존재로 이해하였다. 유아는 어머니와의 관계 속에서 변증법적으로 상호작용하는 양식을 통해 격노, 불안과 공포, 양가감정, 죄책감 등 다양한 정서와 많은 콤플렉스를 경험하며 여성성이 균형 있게 발달하지 못할 경우에 시기와 질투가 심해지기도 한다. 안아주는 환경의 결핍이 있는 역기능적 가정의 영향과 어린 시절의 트라우마로 인해 경험하게 되는 사랑과 인정의 욕구, 경쟁의 문제, 자포자기와 고립, 공격성 등은 잠재된 생명력의 표출로써 현실감의 회복, 의식과 무의식의 균형과 통합을 이룰 수 있는 기회를 제공한다. 이를 위해서는 안아주는 환경과 더불어 심리적 산소를 공급해 주는 공감과 지지가 필요하며, 이것은 개인의 고유한 잠재력을 펼칠 수 있는 중요한 요인이 된다.[15]

3) 행동주의 이론

권석만은 우울증을 사회적 환경에서 긍정적 강화가 약화되어 나타나는 현상이라고 하였다. 행동주의 이론가들은 주로 스키너의 조작적 조건 형성 이론에 기초하여 우울증을 설명한다. 이 이론의 기본 원리는 강화된 행동은 지속되고 강화되지 못한 행동은 소거된다는 것으로, 우울 증상이 이러한 조건 형성의 원리에 의해서 학습된다고 본다.[16]

Seligman은 학습된 무기력 모델을 통해서 우울증은 강화물의 상실이 아니라 강화

---

14) Winnicott, D. W. 1960. *Ego Distortion in Terms of True and False Self, in: The Maturational Process and the Facilitating Environment: Studies in the Theory of Emotional Development.* New York: International UP Inc., 1965.

15) 박숙경. 2018. 앞의 논문. p. 12.

16) 권석만. 2016. 『우울증, 침체와 절망의 늪』. 서울: 학지사.

물을 통제할 수 있는 능력 상실에 의해 발생한다고 제시하였다.[17]

1978년 Abramson과 그의 동료들은 학습된 무기력 이론의 문제점을 해결하기 위해 개정한 무기력 이론을 제시하였다. 귀인(attribution)은 자신이나 타인이 경험한 행동의 결과에 대한 원인을 추론하는 과정이다. 내부적인 귀인은 성격, 능력, 동기 등이며 외부적인 귀인은 환경, 상황, 우연, 운 등이다. 안정적 귀인은 대체로 변함없는 것에 원인을 잘 돌리는 경우이며, 불안정적 귀인은 수시로 변화되는 것에 원인을 돌리는 경우이다. 전반적-특수적 귀인은 귀인 요인이 구체적으로 한정된 정도를 의미한다. 우울증에 취약한 사람은 특이한 인지적 특성을 지니는데, 만일 실패 경험을 전반적 요인에 귀인할 경우 우울증이 전반적인 상황으로 일반화될 수 있다.[18]

우울증은 사회적 환경에서 긍정적 강화의 결핍과 자신의 행위에 대한 보상이 만족스럽게 주어지지 않거나, 원가족 그리고 자기 자신에게서 기인한 지속적인 능력 상실의 경험을 통해서 나타난다. 행동주의 이론은 개인의 내면적 요인과 더불어 대화의 기술, 여가 활용의 기술, 직업적 기술 등의 사회적인 요인과 관련되어 있다. 이는 자기 자신이 누구인지 알고 개인의 내외적 통합을 통해 정체성 회복을 이루며 더 나아가 전반적인 삶의 영역에서조차 전인적인 회복을 이루어야 함을 의미한다.[19]

4) 인지 이론

(1) 부정적 자동화 사고

---

17) Seligman, M. E. P. 1975. *Helplessness : On Depression, Development and Death*. San Francisco: W. H. Freeman & Co Melanie Klein. 1950. Contributions to Psychoanalysis 1921-1945. London: Hogarth Press.

18) Abramson, L. Y., Seligman MEP, & Teasdale J. D. 1978. Learned helplessness in humans: Critique and reformulation. *Journal of Abnormal Psychology*. 87(1): 49-74.

19) 박숙경. 2018. 앞의 논문. p. 13.

인지치료 이론을 창시한 Aaron Beck은 우울증이 잘못된 추측과 가정으로 현실을 왜곡하기 때문에 생기며, 이러한 부정확한 개념은 주로 인지발달 과정에서 나타나는 잘못된 학습으로부터 시작된다고 보았다. Beck의 인지 삼제를 살펴보면 첫째, 자신을 무가치, 무능력, 열등하게 바라보는 부정적 자아관을 보인다. 둘째, 우울한 사람들은 타인들과의 관계를 매우 부정적으로 바라보며 세상을 도움 받을 수 없는 냉담하고 황량한 곳으로 단정한다. 이러한 관점은 점차 다른 사람들로부터 반복적인 거절과 상실을 경험하게 하는 악순환을 만들어낸다. 셋째, 미래를 부정적이고 염세주의적인 관점에서 바라보며 희망이 없다고 예상한다.[20]

(2) 인지 오류

인지 오류란 역기능적 인지 도식으로 인하여 현실을 바로 지각하지 못하거나, 의미나 사실을 왜곡하여 받아들이는 것을 말한다.[21] Beck은 임의적 추론, 선택적 추상화, 과잉일반화, 과장과 축소, 개인화, 흑백논리와 이분법적 사고의 잘못된 정보 처리로 인하여 우울증이 발생한다고 보았으며, 각각의 개념은 다음과 같다. 첫째, 임의적 추론은 결론을 지지할만한 증거가 없거나 심지어 결론과 배치됨에도 불구하고 어떤 결론을 이끌어 내는 것이다. 둘째, 선택적 추상화는 더 현저한 다른 특징이 있음에도 그것을 무시하고 맥락에서 벗어난 한 가지 세부 특징에 초점을 기울이면서 자신의 단편적인 경험에만 기초하여 전체 경험을 개념화하려는 것이다. 셋째, 과잉일반화는 하나나 그 이상의 사건들에 기초하여 일반적인 법칙을 도출하고 그다지 상관없는 상황에조차 그 법칙을 광범위하게 적용하려는 패턴을 말한다. 넷째, 과장과 축소는 어떤 사건의 중요도나 정도를 지나치게 왜곡하여 평가하는 오류를 말한다. 다섯째, 개인화는 외부 사건과 자신이 관련된 근거가 없음에도 둘을 관련짓는 경향을 말한다. 여섯째, 흑백논리와 이분법적 사고는 다양한 경험을 양 극단의 범주 중 어느 하나로 평가하는

---

20) Beck, A. T. 1967. *Depression : Clinical, experimental and theoretical aspects*. New York: Hoeber.

21) Beck, A. T. 1976. *Cognitive therapy and the emotional disorders*. New York, NY: International Universities Press.

경향에서 나타난다. 우울증의 사고 장애를 이해하는 방식 중 하나는 현실에 반응하는 양식을 성숙 혹은 미성숙으로 개념화하는 것이다.[22]

(3) 역기능적 신념

Beck은 우울한 사람의 경향을 성격적 취약성에 따라 사회지향적 경향과 자율경향적 경향으로 구분하였다. 역기능적 신념은 크게 사회적 의존성과 자율성이라는 주제의 신념으로 구성된다. 사회적 의존성은 타인의 인정과 사랑을 얻고자 타인을 즐겁게 하려는 경향이며, 이와 관련된 역기능적 신념들은 경직되고 당위적이다. 예를 들면 다른 사람의 인정과 사랑이 없이 나는 결코 행복해질 수 없다, 나는 중요하다고 생각되는 모든 사람들로부터 인정과 사랑을 받아야만 한다는 식이다. 반면 자율성은 타인으로부터 독립하고자 하며 일과 성취를 중시하고 혼자서 하는 활동을 좋아하는 경향이다. 이와 관련된 역기능적 신념들은 완벽주의적인 측면이 있다. 예를 들면 모든 일은 완벽하게 해내야만 한다, 절대로 실수를 해서는 안 된다, 잘하는 것이 없는 사람은 무가치하다는 식이다.[23]

사회적 의존성이 높은 사람은 대체로 대인관계와 관련된 부정적 사건인 죽음, 실연, 별거, 이혼 등에 의해 우울증이 생긴다. 반면에 자율성 욕구가 높은 사람은 자신의 독립성과 목표 지향적 행동이 위협받는 생활 사건인 업적 부진, 실직, 신체적 질병 등에 의해 우울증이 발생한다.[24]

우울증을 경험하는 사람들은 좌절, 자기 부정, 절망, 실패와 같은 부정적 생각이 지배적으로 작동하여 자신을 과도하게 비난하고 불행을 과장하며 자신의 무가치함과 무능함에 대한 믿음을 갖게 된다. 또한 대상과의 관계 실패와 반복된 좌절의 경험은

---

22) Beck, A. T., Rush, A., Shaw, B. & Emery , G. 1979. *Cognitive Therapy of Depression*. 원호택 외 역. 2017. 『우울증의 인지치료』. 서울: 학지사.

23) Beck, A. T. 1987. Cognitive model of depression. Journal of Cognitive Psychotherapy, 1: 2-27.

24) 권석만. 2016. 앞의 책.

자기 자신, 타인과 세상, 미래에 대한 불신감을 가져오고 현실에서 일어나는 사건의 사실이나 의미를 왜곡하며 성격적 취약성에 따라 사람 중심 또는 일 중심으로 치우친 삶을 살게 한다. 따라서 모든 영역에서 조화와 균형을 이루기 위해서는 객관적 사고와 더불어 자기를 찾아가는 여정을 통해 현실감 회복과 다양성에 대한 인식을 필요로 한다.[25]

3. 우울증의 발생률

우울증으로 고통 받는 사람의 빈도는 역학적 연구들마다 사용한 방법에 다소 차이가 있어서 정확하게 파악하기 어렵다. 하지만 정신장애 중 가장 유병률이 높은 장애가 우울증이다. 경미한 우울증을 포함하여 우울증의 유병률을 조사한 한 연구에 따르면, 한 시점에서 5-10%의 사람들이 우울증으로 고통 받고 있으며, 일생 동안 3-40%의 사람들이 한 번 이상 우울증을 경험한다고 한다. 현대 사회에서 우울증은 증가하는 추세에 있다는 연구 자료도 보고되고 있다. 우울증의 증가 추세는 전 세계적으로 공통적인 현상이며, 점점 더 경쟁적이 되어 가는 현대 사회의 한 측면을 반영한다. 우울증은 남자보다 여자에게서 더 흔한 장애이다. 특히 청소년과 성인에 있어서 여성들이 우울증에 걸리기 쉽다. 주요 우울 장애의 시점 유병률이 남자가 2-3%인데 비해 여자는 5-9%였다. 또한 평생 유병률 역시 남자가 5-12%인데 비해, 여자는 10-25%에 달하였다. 이 밖에도 여러 역학 연구에서 우울증이 남자보다 여자에게 2배 정도 많이 나타난다는 것이 일관되게 보고되고 있다. 이러한 남녀 차이는 단극성 우울증에서 흔히 나타나지만, 양극성 장애에서는 거의 성차가 없는 것으로 보고되고 있다. 여자가 남자보다 우울증의 유병률이 높은 현상에 대해서 여러 가지 설명이 제기되고 있다. 남성 중심적인 사회에서 여성들이 심리적인 스트레스와 좌절을 더 많이 경험하기 때문이라는 주장이 있는가 하면, 스트레스에 대한 여성의 대처 방식이 비효율적이어

---

25) 박숙경. 2018. 앞의 논문. p. 16.

서 우울증에 취약하다는 주장도 있다.[26]

우울증은 재발률이 매우 높아 우울증을 처음 경험한 사람 중 두 번째 경험할 가능성은 50-60%, 두 번 경험한 사람 중 세 번째 경험할 가능성은 70%, 세 번 경험한 사람이 네 번째 경험할 가능성은 90%에 이른다.[27]

4. 우울증의 진단[28]

우울증을 진단하는 일은 쉽지 않다. 정상적 우울 상태와 병적인 우울 상태를 명확하게 구분하는 것 자체가 매우 어려운 일이다. 뿐만 아니라 우울증의 일부 증상은 다른 정신장애의 증상과 매우 유사하기 때문에, 우울증을 진단하기 위해서는 다른 정신장애에 대한 정확한 지식을 지니고 있어야 한다. 일반적으로 정신건강 전문가들은 특정한 정신장애를 진단할 때 구체적인 진단 기준에 의거한다.[29]

우울증의 진단 기준으로 자주 사용되는 평가기준(criteria)은 2013년 5월에 개정된 미국정신의학협회의 정신장애 진단 및 통계 편람, 그리고 WHO 국제질병분류(International Classification of Diseases, ICD-10)이다. 평가 척도(rating scales)는 증상 측정과 치료 효과를 신뢰성 있게 측정하고 완전한 관해(full remission)를 확인할 수 있는 도구이다. 입증된 증상 평가 척도는 Hamilton Depression Rating Scale(HAM-D)와 Montgomery-Åsberg Depression Rating Scale(MADRS)가 있다.

---

26) 권석만. 2004. 『(침체와 절망의 늪) 우울증』. 서울: 학지사. pp. 38-39.

27) 권석만. 2013. 『현대이상심리학』. 서울: 학지사.

28) 이민아. 2017. 『우울증 치료제 사용 현황 분석』. 석사학위논문. 이화여자대학교 대학원 제약산업학과. pp. 8-10.

29) 권석만. 2004. 앞의 책. pp. 25-26.

DSM-5 평가 기준은 주요 우울 장애가 우울한 기분이나 흥미 또는 즐거움 상실에 의해 진단되고 추가로 다음 중 4가지 이상의 증상-체중 변화, 수면 패턴 파괴, 정신 운동 동요나 지체, 피로, 무가치한 느낌, 집중 부족, 혹은 자살 시도나 자살 관념 등이 동반되는 것이다. 한편 ICD-10에서 우울증 환자는 전형적으로 다음 세 가지 증상-우울한 기분, 흥미와 즐거움 상실, 감소된 에너지-을 갖는다고 설명한다. 부가적인 증상은 집중력 저하와 자존감, 죄의식과 무가치, 염세적 미래관, 식욕 부진, 수면 장애, 자신-손상(self-harm)이나 자살 시도 또는 자살 관념 등이다.

현대 정신의학에서 'gold standard'가 되는 진단법은 대면과 관찰이다. 실험실 검사로 유사한 증상 간 구별을 보완한다. 평가 방법은 진단 기준 확립을 위한 질문과 semi structured 인터뷰가 가능하다. 간단하게 만들어진 진단 면접의 예는 Structured Clinical Interview for DSM-Ⅳ(SCID-I), DSM-5와 ICD-10을 위한 (SCID-I)와 Mini International Neuro psychiatric Interview(MINI)이다.

평가 척도(rating scales)는 증상 측정과 치료 효과를 신뢰성 있게 측정하고 완전한 관해(full remission)를 확인할 수 있는 도구이다. 육체적(신체 통증, 피로, 불면 등)으로 나타나 진단이 쉽지 않은 초기 환자, 슬픈 기분이나 감정의 결여를 깨닫지 못하는 환자 등에도 적용 가능하다는 여러 가지 이점이 있다. 입증된 증상 평가 척도는 Hamilton Depression Rating Scale(HAM-D)와 Montgomery-Åsberg Depression Rating Scale(MADRS)가 있다. 환자가 측정하는 척도(patient rated scale)에는 Beck Depression Inventory Ⅱ(BDI-Ⅱ), the Hospital Anxiety and Depression Scale(HADS), Patient Health Questionnaire(PHQ)와 the Quick Inventory for Depressive Symptomatology(QIDS)가 있다. 일반 quality of life(Qol)은 주요 우울 장애에서 환자의 만족도, 기능, 직장 생활에 대해 미치는 우울증의 영향을 측정하는 데 사용된다.

5. 우울증 진단 척도

1) Zung Self-Rating Depression Scale

다음의 척도는 현재의 '보건복지부'가 '보건복지가족부'라고 불렸던 시절인 2010년 2월 11일 홈페이지에 게시한 보도 자료[30]에 포함되어 있던 것으로, 우울증은 자가 진단 등을 통해 조기에 발견하고 적절한 정신치료와 약물치료를 받으면 완쾌될 수 있는 질병이기 때문에, 조금만 더 세심한 주의와 관심을 가지라는 측면으로 배포한 것이다.

이 자가 진단 검사지인 'Zung Self-Rating Depression Scale'은 Duke 대학병원의 정신과 의사였던 William W. K. Zung이 1965년[31]에 개발한 것으로, 우울증과 관련된 정서적, 심리적 및 신체적 증상을 다루는 선별 도구로 널리 사용되는 20개 항목의 자기 보고 설문지이다. 설문지를 작성하는 데는 약 10분이 소요되며 항목은 긍정적 및 부정적 진술로 구성된다. 따라서 1차 진료, 정신과, 약물 실험 및 다양한 연구 상황을 포함한 다양한 환경에서 효과적으로 사용할 수 있으며, 각 항목은 1부터 4까지의 Likert 척도로 점수가 매겨진다. 총 점수는 개별 항목 점수를 합산하여 도출되며 범위는 20에서 80이다. 점수별 상태를 파악하는 방법에 대한 내용은 검사지 아래에 포함시켰으며, 이 점수는 임상 및 연구 목적에 유용 할 수 있는 우울증 심각도에 대한 지표 범위를 제공해 주기는 하지만, 우울증 진단을 확인하기 위한 포괄적인 임상 인터뷰를 대신 할 수는 없다. 대신 Zung 척도는 시간이 지남에 따라 우울증 심각도의 변화를 모니터링 하는 간단한 도구가 될 수는 있다.

---

30) 보건복지부 정신건강정책과. 2010. 『마음의 감기 우울증 자가 진단 해보세요!』 보도 자료. http://www.mohw.go.kr/react/al/sal0301vw.jsp?PAR_MENU_ID=04&MENU_ID=0403&CONT_SEQ=227314

31) Zung, W. W. 1965. A self-rating depression scale. *Archives of General Psychiatry*. 12: 63 - 70

Zung Self-Rating Depression Scale

문항	아니다	가끔 그렇다	자주 그렇다	항상 그렇다
1. 나는 매사에 의욕이 없고 우울하거나 슬플 때가 있다.	1	2	3	4
2. 나는 하루 중 기분이 가장 좋은 때는 아침이다.	4	3	2	1
3. 나는 갑자기 얼마동안 울음을 터뜨리거나 울고 싶을 때가 있다.	1	2	3	4
4. 나는 밤에 잠을 설칠 때가 있다.	1	2	3	4
5. 나는 전과 같이 밥맛이 있다(식욕이 좋다).	4	3	2	1
6. 나는 매력적인 여성(남성)을 보거나, 앉아서 얘기하는 것이 좋다.	4	3	2	1
7. 나는 요즈음 체중이 줄었다.	1	2	3	4
8. 나는 변비 때문에 고생한다.	1	2	3	4
9. 나는 요즈음 가슴이 두근거린다.	1	2	3	4
10. 나는 별 이유 없이 잘 피로하다.	1	2	3	4
11. 내 머리는 한결같이 맑다.	4	3	2	1
12. 나는 전처럼 어려움 없이 일을 해낸다.	4	3	2	1
13. 나는 안절부절 해서 진정할 수가 없다.	1	2	3	4
14. 나의 장래는 희망적이라고 생각한다.	4	3	2	1
15. 나는 전보다도 더 안절부절 한다.	1	2	3	4
16. 나는 결단력이 있다고 생각한다.	4	3	2	1
17. 나는 사회에 유용하고 필요한 사람이라고 생각한다.	4	3	2	1
18. 내 인생은 즐겁다.	4	3	2	1
19. 내가 죽어야 다른 사람들, 특히 가족들이 편할 것 같다.	1	2	3	4
20. 나는 전과 다름없이 일하는 것은 즐겁다.	4	3	2	1

▶ 해석 방법 : 총점 80점

50점 미만 : 정상

60점 미만 : 경증의 우울증

70점 미만 : 중등도의 우울증. 전문가의 정신건강상담 필요

70점 이상 : 중증의 우울증. 전문의 상담 및 진료 필요

2) Beck Depression Inventory(BDI)

전 세계적으로 가장 많이 사용되는 자기 보고식 척도로, 우울증의 인지적, 정서적, 동기적, 신체적 증상 영역을 포함하는 21개의 문항으로 이루어져 있다. 심한 정도에 따라 점수가 매겨지며 총점은 0-63점인데, 연령이나 학력 수준, 인격 성향이나 성별과 같은 특성에 따라서 점수가 달라질 수 있기 때문에 임상적 면담이 병행될 필요가 있다. 해석 방법은 척도 뒤에 제시했다.

Beck Depression Inventory

이 질문지는 우울함의 정도를 가려내는 척도지입니다. 항목별 내용을 자세히 읽고 오늘을 포함해 지난 몇 주 동안에 느꼈던 방식을 가장 잘 기술하는 것 하나를 골라 주십시오.

1)
0. 나는 슬프지 않다.
1. 나는 슬프다.
2. 나는 항상 슬퍼서 그것을 떨쳐버릴 수 없다.
3. 나는 너무 슬프고 불행해서 도저히 견딜 수 없다.

2)
0. 나는 앞날에 대해서 별로 낙심하지 않는다.
1. 나는 앞날에 대해서 용기가 없다.
2. 나는 앞날에 대해서 기대할 것이 아무 것도 없다고 느낀다.
3. 나의 앞날은 아주 절망적이고 나아질 가망이 없다고 느낀다.

3)
0. 나는 실패자라고 느끼지 않는다.
1. 나는 보통 사람들보다 더 많이 실패한 것 같다.
2. 내 삶을 되돌아보면, 생각나는 것은 실패뿐이다.
3. 나는 인간으로서 완전한 실패자인 것 같다.

4)

0. 나는 전과 같이 일상생활에서 만족하고 있다.

1. 나의 일상생활은 예전처럼 즐겁지 않다.

2. 나는 요즘에는 어떤 것에도 별로 만족을 얻지 못한다.

3. 나는 모든 것이 다 불만스럽고 싫증난다.

5)

0. 나는 특별히 죄책감을 느끼지 않는다.

1. 나는 죄책감을 느낄 때가 많다.

2. 나는 죄책감을 느낄 때가 아주 많다.

3. 나는 항상 죄책감에 시달리고 있다.

6)

0. 나는 내가 벌을 받고 있다고 느끼지 않는다.

1. 나는 어쩌면 벌을 받을지도 모른다는 느낌이 든다.

2. 나는 벌을 받아야 한다고 느낀다.

3. 나는 지금 벌을 받고 있다고 느낀다.

7)

0. 나는 나 자신에게 실망하지 않는다.

1. 나는 나 자신에게 실망하고 있다.

2. 나는 나 자신에게 화가 난다.

3. 나는 나 자신을 증오한다.

8)

0. 나는 다른 사람보다 못한 것 같지는 않다.

1. 나는 나의 약점이나 실수에 대해 나 자신을 탓하는 편이다.

2. 내가 한 일이 잘못 되었을 때는 언제나 나를 탓한다.

3. 일어나는 모든 나쁜 일들은 다 내 탓이다.

9)

0. 나는 자살 같은 것은 생각하지 않는다.

1. 나는 자살할 생각을 가끔 하지만, 실제로 하지는 않을 것이다.

2. 자살하고 싶은 생각이 자주 든다.

3. 나는 기회만 있으면 자살하겠다.

10)

0. 나는 평소보다 더 울지는 않는다.

1. 나는 전보다 더 많이 운다.

2. 나는 요즈음 항상 운다.

3. 나는 전에는 울고 싶을 때 울 수 있었지만, 요즈음은 울래야 울 기력조차 없다.

11)

0. 나는 요즈음 평소보다 더 짜증을 내는 편은 아니다.

1. 나는 전보다 더 쉽게 짜증이 나고 귀찮아진다.

2. 나는 요즈음 항상 짜증을 내고 있다.

3. 전에는 짜증스럽던 일에 요즘은 너무 지쳐서 짜증조차 내지 않는다.

12)

0. 나는 다른 사람들에 대한 관심을 잃지 않고 있다.

1. 나는 전보다 다른 사람들에 대한 관심이 줄었다.

2. 나는 다른 사람들에 대한 관심이 거의 없어졌다.

3. 나는 다른 사람들에 대한 관심이 완전히 없어졌다.

13)

0. 나는 평소처럼 결정을 잘 내린다.

1. 나는 결정을 미루는 때가 전보다 많다.

2. 나는 전에 비해 결정을 내리는데 더 큰 어려움을 느낀다.

3. 나는 더 이상 아무 결정도 할 수가 없다.

14)

0. 나는 전보다 내 모습이 더 나빠졌다고 느끼지 않는다.

1. 나는 나이 들어 보이거나 매력 없어 보일까봐 걱정이다.

2. 나는 내 모습이 매력 없게 변해 버린 것 같은 느낌이 든다.

3. 나는 내가 추하게 보인다고 믿는다.

15)

0. 나는 전처럼 일을 할 수 있다.

1. 어떤 일을 시작하려면 전보다 훨씬 더 많은 노력이 든다.

2. 나는 무엇인가를 하려면 매우 힘들다.

3. 나는 전혀 아무 일도 할 수가 없다.

16)

0. 나는 평소처럼 잘 잔다.

1. 나는 전에 만큼 잘 자지 못한다.

2. 나는 평소보다 한두 시간 빨리 깨고, 다시 잠들기 어렵다.

3. 나는 전보다 몇 시간 일찍 깨고, 한 번 깨면 다시 잠들지 못한다.

17)

0. 나는 평소보다 더 피곤하지는 않다.

1. 나는 전보다 쉽게 피곤해 진다.

2. 나는 무엇을 해도 언제나 피곤해 진다.

3. 나는 너무나 피곤해서 아무 일도 할 수가 없다.

18)

0. 내 식욕은 평소와 다름없다.

1. 나는 요즈음 전보다 식욕이 좋지 않다.

2. 나는 요즈음 식욕이 많이 떨어졌다.

3. 요즈음에는 식욕이 전혀 없다.

19)

0. 요즈음 체중이 별로 줄지 않았다.

1. 전보다 몸무게가 2kg가량 줄었다.

2. 전보다 몸무게가 5kg가량 줄었다.

3. 전보다 몸무게가 7kg가량 줄었다.

20)

0. 나는 건강에 대해 전보다 더 염려하고 있지는 않다.

1. 나는 여러 가지 통증, 소화불량, 변비 등과 같은 신체적인 문제로 걱정하고 있다.

2. 나는 건강이 염려되어 다른 일은 생각하기 힘들다.

3. 나는 건강이 너무 염려되어 다른 일은 아무 것도 생각할 수 없다.

21)

0. 나는 요즘 성(sex)에 대한 관심에 별다른 변화가 있는 것 같지는 않다.

1. 나는 전보다 성(sex)에 대한 관심이 줄었다.

2. 나는 전보다 성(sex)에 대한 관심이 상당히 줄었다.

3. 나는 성(sex)에 대한 관심을 완전히 잃었다.

▶ 해석 방법 : 총점 63점

　　　　　0-9점 : 비우울(정상)

　　　　　10-15점 : 경도증의 우울증

　　　　　16-23점 : 중등도의 우울증

　　　　　24-63점 : 심도의 우울증

BDI 척도는 현재 2판이 개발 및 사용되고 있는데 기존 척도와의 차이점은 신체상의 변화, 체중의 감소, 작업의 곤란 등의 문항을 제외한 대신, 심한 우울로 인한 입원 시 흔히 나타나는 증상인 초조, 집중 곤란, 무가치감, 의욕 상실 등 4가지 증상에 대한 문항이 추가되었다. 또한 각 문항마다 평가 항목에 대한 소제목이 추가되었고, 식욕과 수면은 저하 여부만 평가를 했던 것에 증가 측면도 포함을 시켰다. 마지막으로 '오늘을 포함한 2주 동안의 증상'이라는 질문을 포함시켜 DSM과의 준거를 일치시켰으며, 14점 이상부터 경도증의 우울증으로 해석을 한다.

3) 한국판 우울증 선별 도구(Patient Health Questionnaire)

이 척도는 1999년에 Spitzer 등[32]이 개발한 것으로, 임상 장면에서 접하기 쉬운 주

----

32) Spitzer. R. L., Kroenke, K. & Wiliams, J. B. 1999. Valiation and utility of a self-report version of PRIME-MD : the PHQ primary care study. Primary Evaluation of Mental Disorders. *Patient*

요 우울 장애를 감지하고 진단에 도움을 주기 위해 개발된 자기 보고식 질문지이다. 사실 '한국판 우울증 선별 도구(Patient Health Questionnaire)'는 PHQ-2에서 제시하는 두 개의 질문 중에서 하나라도 "네"라는 응답이 나오면 이어서 PHQ-9 검사를 실시하면 된다. 다음의 〈그림 1〉은 이 과정을 도식화한 것이다.

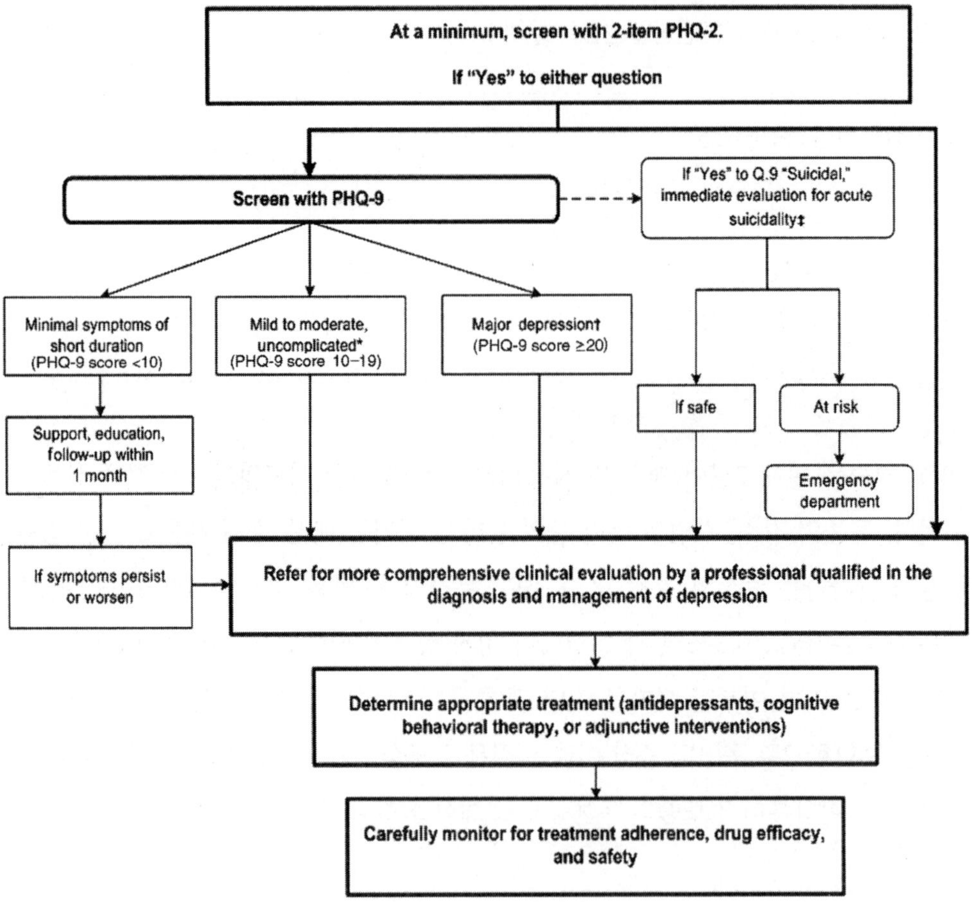

〈그림 1〉 Screening for depression in patients with coronary heart disease[33)]

Health Questionnaire, 282: 1737–1744.

33) Lichtman, J. H. et al. 2008. Depression and Coronary Heart Disease Recommendations for Screening, Referral and Treatment. *Circulation*, Vol. 118 Issuse 17: 1768–1775.

> **한글판 우울증 선별도구 PHQ-2**
>
> 1. 지난 한 달 동안 당신은 기분이 자주 처지거나 우울하거나 희망이 없다는 느낌으로 고민하고 있습니까?
>
> 2. 지난 한 달 동안 당신은 자주 일상적인 활동에 흥미나 즐거움의 감소 때문에 고민하고 있습니까?

PHQ-9 검사 도구의 질문들은 DSM에서 제시하고 있는 우울 삽화의 진단 기준(1번 항목 무쾌감, 2번 우울감, 3번 수면의 변화, 4번 피로감, 5번 식욕의 변화, 6번 무가치감, 7번 집중력 저하, 8번 좌불안석 또는 처진 느낌, 9번 자살 사고)과 일치가 되게 고안되었으며, 증상의 정도에 따라 0점에서 3점까지 중 하나를 선택하게 한 뒤 그 총점을 더해 27점 중 10점 이상을 우울 증상에 대한 절단점(cut-off point)으로 설정하였다. 이 도구의 장점은 기존의 도구들에 비해 문항수가 적어 검사를 실시하는데 시간이 적게 걸린다는 것이다. 또한 총점이 높을수록 증상에 의한 고통의 심각도, 아픈 기간, 의료 기구의 이용률, 기능의 저하가 심해지는 양상으로 질환의 중등도 평가가 가능하다. 9개 문항에 대한 응답이 끝나면 이런 상황으로 인하여 일상생활(직장 일, 집안 일, 대인관계)에 어느 정도의 어려움을 느끼는지에 대한 물음도 주어진다.

> **한글판 우울증 선별도구 PHQ-9**
>
> 본 검사는 우울한 정도를 스스로 알아보기 위한 것입니다. 이 질문들이 확정된 진단을 위한 것은 아니지만, 높은 점수가 나왔을 경우에는 우울증의 가능성이 높으므로 더 정확한 평가를 위해서 병원에서 진료를 받아볼 것을 추천합니다.
>
> 1. 지난 2주 동안 다음과 같은 문제를 얼마나 자주 겪었는지 생각해 본 뒤 해당되는 항목에 표시해 주십시오.

지난 2주 동안에	전혀 없음	2,3일 이상	1주일 이상	거의 매일
1. 평소 하던 일에 대한 흥미가 없어졌거나 즐거움을 느끼지 못했다.	0	1	2	3
2. 기분이 가라앉거나, 우울하거나, 희망이 없다고 느낀다.	0	1	2	3
3. 잠들기 어렵거나 자주 깬다. 혹은 잠을 너무 많이 잔다.	0	1	2	3
4. 피곤하다고 느끼거나 기운이 거의 없다.	0	1	2	3
5. 평소보다 식욕이 줄었다. 혹은 평소보다 많이 먹었다.	0	1	2	3
6. 내 자신이 실패자로 여겨지거나 자신과 가족을 실망시켰다고 느낀다.	0	1	2	3
7. 신문을 읽거나 TV를 보는 것과 같은 일상적인 일에도 집중할 수가 없었다.	0	1	2	3
8. 다른 사람들이 눈치 챌 정도로 평소보다 말과 행동이 느려졌다. 혹은 너무 안절부절 못해서 가만히 앉아 있을 수 없었다.	0	1	2	3
9. 차라리 죽는 것이 낫겠다고 생각했다. 혹은 자해할 생각을 했다.	0	1	2	3

2. 만약 위의 문제 중 한 개라도 해당되는 게 있다면 그것으로 인하여 일상생활(직장 일, 집안 일, 대인관계)에 어느 정도 어려움을 느낍니까?

1) 전혀 어렵지 않다   2) 다소 어렵다   3) 많이 어렵다   4) 매우 많이 어렵다

▶ 해석 방법 : 총점 27점

PHQ-9 점수	심각도 평가
0-4	우울증 아님
5-9	가벼운 우울증
10-19	중간 정도 우울증
20-27	심한 우울증

이상과 같이 소개한 진단 도구들 이외에도 우울증을 판별할 수 있는 것들은 더 많다. 그러니 상황에 따라, 대상에 따라, 그리고 검사를 실시하고 해석하는 치료사의 전문성 정도에 따라 알맞은 것을 선택해서 적절히 활용할 필요가 있다.

6. 우울증의 치료[34]

우울증의 치료법은 크게 심리적 치료법과 물리적 치료법으로 나눌 수 있다. 심리적 치료법으로는 최근에 우울증의 치료법으로 각광 받고 있는 인지치료를 비롯하여 정신역동적 치료, 행동치료, 인본주의적 치료 등이 있다. 물리적 치료법으로는 가장 일반적으로 사용되고 있는 약물치료가 있으며 전기충격치료도 사용되고 있다.

1) 인지치료

우울증을 치료하는 가장 대표적인 심리치료법인 인지치료(cognitive therapy)는 우울증의 인지 이론에 근거하여 벡(Beck)이 개발한 심리치료법이다. 우울증의 인지 이론에 따르면, 우울증은 부정적인 자동적 사고, 인지적 오류, 역기능적 신념 등의 인지적 요인에 의해서 생겨나고 유지된다. 인지치료는 우울증을 유발하는 이러한 인지적 요인을 찾아내 변화시킴으로써 우울증을 치료하는 방법이다.

인지치료는 우울증을 비교적 단기간에 치료하는 적극적인 치료법으로, 내담자를 우울하게 만드는 부정적인 자동적 사고와 역기능적 신념을 찾아내고 변화시키기 위해 A-B-C 기법, 소크라테스식 대화법, 일일 기록지 방법, 설문지 검사, 일기쓰기, 행동실험법, 하향 화살표 기법 등 다양한 구체적인 기법을 사용하고 있다.

2) 정신역동적 치료

정신역동적 치료는 프로이트의 정신분석을 위시해서 무의식적인 심리적 역동을 중시하는 다양한 치료법들을 포함한다. 정신역동적 심리치료는 우울증과 같이 특정한 장애에 초점을 맞추어 치료 기법을 발전시키기보다는, 일반적으로 자존감을 향상시

---

34) 권석만. 2004. 앞의 책. pp. 133-148.

키거나 초자아를 조정하거나 자아를 강화하고 확장함으로써 우울증을 치료하고자 한다. 이를 위해서 정신역동적 심리치료자는 우울한 내담자가 나타내는 대인관계 패턴을 잘 탐색하고, 그 무의식적 의미를 파악하여 내담자에게 직면시켜 이를 극복하도록 노력한다.

정신역동적 치료는 내담자의 우울 증상을 삶의 전반적 맥락에서 이해하고 우울증에 대해서 심층적이고 포괄적인 치료적 접근을 하는 장점을 지니고 있다. 그러나 우울증에 대한 정신역동적 치료의 효과에 대해서는 논란이 많다. 정신역동적 치료의 효과는 대부분 임상적 치료 사례를 통해 보고되었을 뿐이며 객관적이고 체계적인 실험적 연구를 통해 검증되지는 못했다. 한편 정신역동적 치료는 장기화되는 경향이 있어서 내담자에게 경제적으로나 시간적으로 많은 부담을 주는 문제점이 있었다. 최근에는 이러한 한계를 극복하기 위해 치료 기간을 단기화하려는 노력이 이루어지고 있다.

3) 행동치료

우울증에 대한 행동치료는 내담자의 생활 속에서 긍정적 강화의 비율을 증가시키는 것을 주요 목표로 한다. 이를 위하여 우울한 내담자들이 어떻게 일상생활 속에서 즐거움과 긍정적 경험을 잃어버리게 되었는지를 정밀하게 분석하고, 이러한 분석에 기초하여 내담자가 생활 속에서 즐거움을 재 경험할 수 있는 구체적인 행동 목록을 구성하여 내담자가 실행하도록 돕는다. 긍정적 강화를 증가시키기 위한 구체적인 행동 목록은 자기생활 관찰 기법(self-monitoring), 계획적 활동 기법(scheduling activities), 점진적 과제 기법(graded task assignment), 긍정체험 평가 기법(mastery and pleasure techniques)이 있다.

우울한 내담자에 대한 주요한 행동치료적 기법으로는 사회적 기술 훈련(social skill training), 자기주장 훈련(assertive training), 대처기술 훈련(coping skill training) 등이 있다. 이러한 행동치료적 기법들은 내담자를 우울하게 만드는 행동적 측면의 변화를 통해 우울증을 극복하도록 돕는 방법이다. 행동치료적 기법의 효과는 여러 연구에서 보고되고 있으나 치료 효과가 지속적이지 못하다는 연구 결과도 있다. 근래에는 인지행동치료(cognitive-behavior therapy)라는 이름으로 인지치료 기법과 병행하여 실시되는 것이 일반적인 추세이다.

4) 인본주의적 치료

인본주의적 심리치료에서는 우울증에 대한 특별한 치료 방법을 제시하기보다는 내담자 개인이 지니고 있는 문제에 대해서 일반적인 치료적 기법이 적용된다. 인본주의적 치료에서는 우울한 내담자가 자신과 세상에 대해서 지니고 있는 생각이 왜곡된 것이라 하더라도, 그것을 내담자의 주관적 진실로서 존중한다. 즉 내담자가 털어놓는 모든 생각과 감정은 내담자가 '지금 여기(here and now)'에서 경험하는 주관적 현실이란 점에서 진실한 것으로 수용한다. 따라서 인본주의적 치료자는 내담자의 경험을 해석하거나 변화시키려고 노력하기보다는, 내담자의 체험과 생각에 대한 수용적 이해를 통해서 내담자가 느끼고 있는 우울감과 좌절감을 공감하려고 노력한다. 이렇게 수용적이고 공감적인 분위기 속에서 내담자가 스스로 자신의 내면을 좀 더 깊고 솔직하게 탐색하게 한다.

인본주의 치료에서는 인간은 누구나 긍정적으로 성장하려는 자아실현 경향을 지니고 있으며, 성장 촉진적인 분위기가 조성되면 스스로 발전적인 변화를 모색하게 된다고 본다. 여기에서 성장 촉진적인 분위기란 내담자의 경험이 평가적으로 판단되기보다는 존중적이고 수용적이며 공감적인 치료자의 태도를 뜻한다. 이러한 분위기 속에서 내담자는 과거에 평가와 판단이 두려워 솔직하게 직면하지 못했던 체험을 두려움 없이 탐색하게 되고, 자신이 원하는 삶이 실현될 수 있는 좀 더 현실적인 방법을 모색하게 된다. 인본주의적 치료자는 이러한 과정에서 자신의 가치관을 개입시키거나 어떤 특정한 방향으로 내담자의 변화를 유도하지 않는다. 다만, 내담자의 우울한 체험에 대해서 수용적이고 존중적이며 공감적인 태도를 취하는 것이 최선의 치료라고 본다.

5) 약물치료와 그 밖의 물리적 치료

(1) 약물치료

약물치료(drug therapy)는 우울증에 대한 가장 대표적인 물리적 치료법이라고 할 수 있다. 약물치료는 우울증의 뇌신경화학적 이론에 근거하여 뇌의 신경전달물질에 영향을 주는 화학적 물질, 즉 약물을 통해 우울증을 치료하는 방법이다. 우울증의 약물치료에서는 삼환계 항우울제(tricyclic antidepressants), MAO 억제제(monoamine oxidase inhibitor), 제2세대 항우울제(the second-generation heterocyclic antidepressants)와 같이 크게 세 가지 종류의 약물이 사용된다.

(2) 전기충격치료

전기충격치료(electroconvulsive therapy: ECT)는 머리에 일정한 전압의 전류를 연결하여 의도적인 경련을 일으키는 방법으로, 특정한 종류의 우울증에 효과적이라는 것이 밝혀져 1950년대와 1960년대에 널리 사용되었다. 그러나 이 방법은 기억상실증과 같은 심리적 부작용과 부정맥, 고혈압 등의 신체적 부작용이 나타나기도 한다. 뿐만 아니라 이 치료법에 두려움을 가진 환자들이 많기 때문에 현재는 항우울제의 약물치료가 효과를 나타내지 않거나 망상이 있는 우울증일 경우에 한하여 전기충격치료가 사용되는 것이 일반적이다.

(3) 광선치료

광선치료(light therapy)는 눈에 아주 적은 양의 자외선을 포함한 빛을 노출시키는 방법으로, 주로 계절성 우울증에 시행한다. 빛의 강도를 2,500럭스 정도의 밝은 빛으로 할 때가 400럭스 이하의 어두운 빛에 노출시킬 때보다 효과적이다. 그러나 적절한 노출 시간에 대한 합의는 아직 없다.

한편 광선치료는 계절성 우울증에 주로 적용하지만 비계절성 우울증에도 효과가 있다는 증거가 있다. 부작용으로는 치료 기간 동안 불면증, 두통, 눈의 피로, 과민성 등이 나타나기도 한다. 광선치료가 우울 증상을 완화시키는 원리는 아직 잘 알려져 있지 않지만, 밝은 빛이 신체·생리적 리듬에 영향을 주기 때문이라는 가설이 있다.

7. 독서치료와 우울

매우 활발하지는 않지만 독서치료 분야에서도 우울의 문제를 다루고 있다. 독서치료의 유형은 문제의 정도에 따라 발달적 독서치료(developmental bibliotherapy)와 임상적 독서치료(clinical bibliotherapy)로 구분할 수 있는데, 이때 우울의 문제는 후자에 속한다. 즉, 심각한 문제 영역에 속하기 때문에 1급 이상의 치료사들 가운데 정신장애 분야를 공부했으며 임상 실습도 마친 사람이어야 독서치료를 통해 도움을 줄 수 있다는 이야기이다. 물론 그렇다고 해서 독서치료만으로 우울증을 치료할 수는 없다. 특히 중간 정도 이상의 우울증을 앓고 있는 사람이라면 병원에서의 약물치료 등을 병행할 필요가 있다.

앞서 살펴본 이론적 내용에 따르면 우울증에는 인지치료 혹은 인지행동치료 방법이 활용되고 있으며, 꽤 도움이 된다는 점도 확인할 수 있었다. 독서치료는 치료사가 선정한 치료적 정보가 담긴 문학작품을 내담자들에게 제공하고, 그들이 그것을 읽으며 동일시를 하는 것으로부터 시작된다. 이후 카타르시스 과정을 거쳐 통찰 단계에 이르게 되고, 마지막으로 내 삶에 적용해서 긍정적 변화를 꾀하면 비로소 치료가 끝나게 된다. 그런데 이런 과정은 인지치료와 흡사한 면이 있다. 왜냐하면 내담자들이 문학작품을 읽고 그 안에 담긴 치료적 정보를 통해 자신의 인지 구조를 재정립함으로써 결국 효과를 보기 때문이다. 통찰(insight)은 모든 심리치료 분야에서 궁극의 목적으로 삼고 있는 개념으로, 내담자들에게는 자신의 문제가 무엇인지, 그 문제가 어디서부터 왜 비롯되었는지, 그래서 그 문제를 어떻게 해결해야 하는지에 대해 알아야 하는 과제가 있다. 이때 고정관념이든 비합리적인 신념이든 이미 인지 구조 내에 자리 잡고 있는 부분에 대해 새롭게 깨닫고 바꾸어 합리적인 신념을 가질 수 있도록 돕는 것이 바로 치료인데, 독서치료에서는 읽기 과정, 발문을 통한 이야기 과정, 글쓰기 등 활동을 통한 표현의 세 단계 과정을 통해 통찰을 돕고, 나아가 내 삶에 적용해 일상생활을 건강하게 해나갈 수 있도록 돕기 때문에 인지(행동)치료적 속성을 띠고 있다고 하겠다. 우울 감소 등의 목표를 위해 실행된 독서치료 관련 연구들을 몇 편 살펴보면 다음과 같다.

서근미[35]는 '그림책을 활용한 독서치료 프로그램이 노인의 인지기능 향상과 우울감소에 미치는 효과' 연구에서, 그림책을 활용한 독서치료 프로그램이 노인의 인지기능과 우울증에 미치는 효과를 알아보기 위하여 독서치료 프로그램을 실시하고 그 효과를 검증하였다. 이를 위해 Y시의 경로당을 이용하는 여성 노인 30명을 연구 대상으로 각 15명의 통제집단과 실험집단으로 구성하여 실험집단에 총 11회기의 프로그램을 진행한 결과, 인지기능의 점수가 유의하게 높아 졌으며 우울증의 점수가 유의하게 감소하였다는 결과를 얻었다. 따라서 노인의 인지기능 저하와 우울증이라는 정서 장애를 극복하기 위한 비약물 치료 방법으로 독서치료가 가치가 있다는 점을 증명했다.

임명남과 이명우[36]는 '중년 여성의 우울 감소를 위한 인지행동 독서치료 단일사례 연구'를 통해, 인지행동 독서치료 프로그램이 중년여성의 우울 감소에 미치는 효과를 알아보고, 프로그램 실시 과정에서 중년 여성의 심리적 변화 과정과 변화 기제를 알아보았다. 연구 참여자는 경기도 ○○시에 거주하는 심한 우울 상태의 만 36세 중년 여성으로, 2016년 5월 14일부터 5월 30일까지 주 3회, 1회 90분씩 총 8회 인지행동 독서치료 프로그램을 실시하였다. 인지행동 독서치료 프로그램의 우울 감소 효과를 알아보기 위해 사전·사후검사로 프로그램 실시 첫 날과 마지막 날 우울척도검사(BDI)를 실시하였다. 또 우울 감소 과정, 우울 감소 기제를 탐색하기 위해 매 회기 프로그

35) 서근미. 2011. 『그림책을 활용한 독서치료 프로그램이 노인의 인지기능 향상과 우울감소에 미치는 효과』. 석사학위논문. 평택대학교 상담대학원 가족상담학과.

36) 임명남, 이명우. 2018. 중년 여성의 우울 감소를 위한 인지행동 독서치료 단일사례 연구. 『독서치료연구』, 10(1): 25-44.

램 실시 후 색채 그림검사와 감정표현 단어검사, 주관적 우울지수 검사를 실시하여 그 변화 과정을 살펴보았다. 질적 연구를 위하여 참여자로부터 사전 동의를 받아 매 회기 프로그램마다 녹취하고 이를 전사하였으며, 참여자의 표정과 행동 등의 변화를 관찰 기록하였다. 또 참여자와 참여자의 남편을 프로그램 실시 전·후 각각 2회씩 인터뷰하여 내용 분석을 하였다. 그 결과 첫째, 인지행동 독서치료 프로그램이 중년여성의 우울 감소에 효과가 있었고, 둘째, 참여자가 자신의 감정을 탐색하고 표출하는 과정을 통해 부정적인 자동적 사고를 인지하고 이를 합리적이며 긍정적인 사고로 변화시키는 과정을 통해 우울이 감소되는 변화되었으며, 셋째, 우울 감소 기제가 '핵심신념 인식과 수용'임을 알 수 있었다고 한다.

구연배[37]는 '조기퇴직자의 우울증 해소를 위한 독서치료 효과에 관한 연구'에서, 조기퇴직으로 인하여 우울증이나 무기력증을 앓고 있는 사람들에게 임상 독서치료를 실시하여, 자신의 처지를 긍정적으로 받아들임으로써 우울의 강도를 약화시키고 나아가 적극적인 자세로 새로운 삶을 살아가도록 돕는데 효과가 있는지를 검증했다. 그 결과 독서치료 프로그램은 조기퇴직자들의 우울증을 치료하는데 효과가 있었기 때문에, 그들의 우울증 치료와 재기를 위해 도서관에서 독서치료 프로그램을 적극적으로 운영할 것을 제안하였다.

정지희[38]는 '우울증 대학생들에 대한 인지적 독서치료와 정서수용의 효과' 연구에서, 인지적 독서치료가 대학생 우울증 치료에 적합한지 확인하고 인지적 독서치료의 치료 효과를 증가시키기 위한 방안을 모색해 보았다. 검증을 위해 주요 우울 장애 진단에 부합된 대학생을 모집하여 세 집단으로 나눈 뒤 두 집단에만 5주 동안 실험을 실시해 결과를 분석하였다. 그 결과 인지적 독서치료에 참여한 우울한 대학생들의 우울

---

37) 구연배. 2009. 조기퇴직자의 우울증 해소를 위한 독서치료 효과에 관한 연구. 『한국문헌정보학회지』, 43(2): 253-275.

38) 정지희. 2017. 『우울증 대학생들에 대한 인지적 독서치료와 정서수용의 효과』. 석사학위논문. 덕성여자대학교 대학원 심리학과.

수준과 부정적 자동적 사고 정도가 유의미하게 감소한 것을 확인하여, 우울한 대학생들에게 인지적 독서치료가 효율적인 치료를 위한 방안이 될 수 있음을 시사해 주었다.

조효숙과 이진숙[39]은 '독서치료 프로그램이 저소득층 아동의 우울·자아존중감·정서조절능력에 미치는 효과' 연구를 통해, 초등 3-5학년 학생 중 우울 증상을 보이는 32명의 저소득층 아동을 선별하여 16명의 실험집단 아동에게 총 21회기의 독서치료 프로그램을 실시하였다. 그 결과 독서치료 프로그램은 저소득 가정 아동의 우울 수준을 낮추는데 효과적이었고, 자존감, 정서조절능력을 향상시키는데 효과적인 것으로 나타났다. 결론적으로 독서치료 프로그램은 아동 우울 개선 및 아동 스스로 자신의 문제에 직면하여 문제를 해결하는데 도움을 줄 수 있다는 결론을 얻었다.

---

39) 조효숙, 이진숙. 2008. 독서치료 프로그램이 저소득층 아동의 우울·자아존중감·정서조절능력에 미치는 효과. 『놀이치료연구』, 12(3): 105-123.

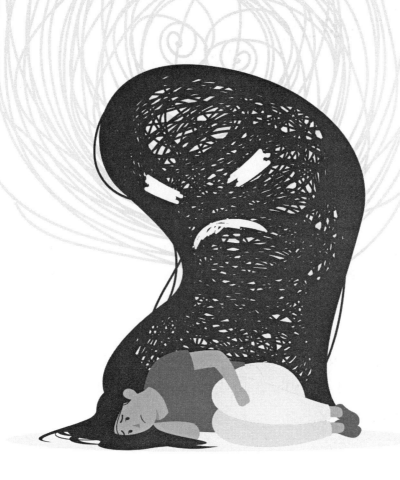

우울감을 느끼는 초등학교 고학년 아동의

심리적 회복탄력성 향상을 위한

독서치료 프로그램

우울감을 느끼는 초등학교 고학년 아동의
심리적 회복탄력성 향상을 위한
독서치료 프로그램

1. 프로그램 목표

흔히 학령기라고 말하는 아동기는 프로이드의 발달단계에 의하면 잠복기로 인지적 발달과 사회성 발달에 결정적 시기이고, 에릭슨의 성격발달 8단계 중 근면성 대 열등 감의 시기로 자아성장의 결정적 시기라 할 수 있다. 피아제의 인지발달적 측면에서 아동기는 구체적 조작기에 해당하며, 이 시기의 아동은 사람마다 입장이 다름을 알 고, 나아가 타인의 입장에 대해 고려할 수 있는 조망능력을 갖는다. 또한 타인의 입장 에서 이해하고 배려할 수 있으며, 감각 운동의 발달을 지나 사회적·지적 발달이 더 확 장되는 시기라고 하겠다.

아동기는 주로 지각이나 지능발달에 따라 행동영역이 넓어지고 경험이 풍부해지기 때문에 정서를 일으키는 자극의 의미도 달라진다. 정서의 표현이 좀 더 지속적이며 정적이고, 직접적이었던 것이 다소 간접적으로 나타나는 것이 특징이다. 정서발달 측면에서 이 시기의 아동은 충동조절이 힘들고 매우 활동적이기에 예상치 못한 행동을 할 수 있으며, 또래와의 관계에서 어려움이 나타날 수 있고, 융통성이 없어 직설적으로 받아들여 곤란을 겪을 수 있다. 또한 실패에 적응하는데 익숙하지 않고, 조롱과 비판에 민감하다.[40]

아동은 사랑과 보호와 관심 속에서 성장 및 발달해야 하지만 가정에서 경험하는 부모의 부부싸움, 이혼, 경제적 어려움 등과 학교에서 경험하게 되는 교사와의 관계, 학업성적, 또래간의 인기와 따돌림 등의 생활스트레스 사건으로 인하여 부정적인 정서와 환경을 경험하게 될 때, 자신의 무능력과 무기력감으로 인하여 우울을 경험하게 된다.[41] 2012년 보건복지부 통계[42]에 의하면 우리나라 소아, 청소년의 10-15%는 우울증 증상을 나타내며 이들 중 60%는 짜증스러운 기분을 느낀다고 하였고, 40%는 귀찮고 의욕이 없다고 하였다. 최근에는 코로나-19의 장기화로 사회적 거리두기, 자가 격리 등으로 인해 우울감과 불안장애를 호소하는 '코로나 블루' 현상이 전국적으로 확산되고 있고, 대구광역시교육청이 실시한 코로나-19 이후 학교재난정신건강 평가 결과[43]에 의하면 많은 학생들이 코로나-19로 인해 우울, 불안 등 정서적, 심리적 어려움을 더 많은 겪은 것으로 나타났다고 한다.

---

40) 윤소연. 2018. 『초등학생의 정서지능 향상을 위한 놀이식 통합예술교육프로그램 개발』. 석사학위논문. 건국대학교 교육대학원 교육학과. p.39.

41) 김춘경, 김미화. 2005. 독서치료프로그램이 우울 아동의 우울감·일상생활 스트레스·자존감에 미치는 효과. 『한국아동복지학』, 19호. p.76

42) 보건복지부 공식 블로그. 『코로나우울과 가족 갈등』 https://blog.naver.com/mohw2016/222275905756

43) 대구광역시교육청, 대구학생자살예방센터. 2020. 『코로나-19 이후 학교 재난정신건강 평가 결과』. 대구: 대구광역시교육청.

아동의 우울은 성인과는 달리, 명확한 우울감이나 생리적 증상으로 나타나기보다는 행동화, 과잉행동, 공격성, 비행, 또래관계 문제, 성적 저하, 신체증상, 분노발작, 공포증 등으로 나타나는 경우가 많고 우울을 경험하는 아동은 타인과의 관계에서 손상을 나타내며, 남과 덜 어울리는 경향이 있고, 대인관계에서 소극적이고, 자기비하, 대인 기피증 같은 부정적인 특징을 가지기 쉽다.[44] 즉, 아동기 우울은 정서, 동기, 신체 및 운동기능, 그리고 인지 등 네 가지 영역에서의 변화를 포함한다.

심리적 회복탄력성이란 부정적인 사건이나 스트레스 상황에서 이전의 상태로 되돌아가거나 회복되는 능력을 말한다. 회복탄력성에 대한 특성은 세 가지로 설명될 수 있다. 첫째는 쉽게 장애를 극복해내는 것으로 위험한 상황에서도 긍정적인 결과를 얻는 것을 의미한다. 둘째는 외상으로부터의 회복으로 고위험의 스트레스 상황임에도 불구하고 성공적으로 적응하는 것으로 정의된다. 셋째는 스트레스가 있는 도중에도 유지되는 유능감을 의미한다.[45] 회복탄력성이 높은 사람은 자신의 실수에 대해 보다 민감하게 반응하나 해석을 통한 성장을 꾀하며, 실수에 대해 긍정적이고 관대하며 수용적인 태도를 보인다. 이는 초기 성격구조나 타고난 개인의 능력이 아니라, 개인과 환경의 역동적인 상호작용을 통해 발달하고 변화 가능한 것으로 보는 견해가 일반적이다. 회복탄력성이 높을수록 그들의 스트레스를 잘 다스릴 수 있다.[46] 따라서 회복탄력성을 높이기 위해서는 자책하지 않기, 행동과 인성을 구분하기, 자신의 대표 강점을 발견하고 긍정의 뇌로 변화시키기, 마음과 상황에 대해 털어놓기, 부정적인 생각을 긍정적인 생각으로 바꿈으로 우울한 기분으로부터 벗어나기, 규칙적인 운동이나 취미생활 해보기, 감사하는 마음을 갖기 등이 필요하다.

---

44) 김선민, 김종남. 2016. 인지행동치료 프로그램이 저소득층 아동·청소년의 우울과 자동적 사고 및 또래관계에 미치는 영향. 『청소년학연구』, 23(1). p. 185.

45) 조유진. 2018. 『초등학생의 회복탄력성 신장을 위한 음악교육에 대한 고찰』. 석사학위논문. 대구교육대학교 교육대학원 초등교육학과. p. 5.

46) 이응답. 2020. 『집단미술치료가 아동복지시설 이용 아동의 회복탄력성과 스트레스에 미치는 효과』. 석사학위논문. 서울여자대학교 특수치료전문대학원 표현예술치료학과. p. 13.

이에 본 프로그램은 우울을 겪고 있는 초등학교 고학년아동이 프로그램 활동을 통해 우울감을 완화시키고 심리적 회복탄력성을 갖도록 돕는데 목표를 두고 있다.

2. 프로그램 구성

본 프로그램은 총 12세션으로 구성되었다. 프로그램의 흐름은 신뢰감과 친밀감 형성을 위한 소개와 마음 열기로부터 시작해, 자신이 느끼는 감정 전반에 대해 점검하고, 가족, 학교친구, 선생님 관계에서 오는 우울한 상황 점검과 그럴 때의 자신의 모습을 탐색하기, 감정을 표현하고 조절함으로써 힘든 자기 자신을 위로할 수 있도록 한다. 이어서 생각과 마음, 행동의 변화를 시도해 보기, 마음 근육 키우기를 통해 심리적 회복탄력성을 높여 자신감 있는 나로 성장할 수 있도록 돕는데 목표를 두고 프로그램을 구성하였다. 문학작품은 그림책과 시 위주로 선정했으며, 관련 활동 역시 세부목표와 선정한 문학작품과의 연관성을 고려하면서 글쓰기활동, 미술, 역할 바꾸기 활동 등 여러 방법들을 활용해 보려고 노력했다. 참여 인원은 우울감을 느끼는 초등학교 5-6학년 아동 10명 내외이며 아동의 발달에 따른 집중 시간을 고려하여 세션 당 운영 시간은 90분으로 계획하였다. 구체적인 프로그램 계획은 다음의 〈표 1〉과 같다.

〈표 1〉 우울감을 느끼는 초등학교 고학년 아동의 심리적 회복탄력성을 위한 독서치료 프로그램

세션	세부목표		문학작품	관련 활동
1	프로그램 소개 및 마음 열기		도서 : 마음 여행	프로그램 소개, 나의 약속, 나를 소개합니다
2	나의 감정 탐색하기		도서 : 두 마음이 뒤죽박죽이에요	기분을 말해봐!, 우울할 때 내 모습 탐색하기
3	감정 조절하기		도서 : 화가 날 때는 어떻게 하나요?	나의 울적이에요, 울적이 해소하기 (쉐이빙 폼 활동)
4	우울 감정 안아주기		도서 : 가만히 들어주었어	나에게 주는 선물, (푸드 테라피)
5	대상별 우울 요인 점검	가족	도서 : 위대한 가족 도서 : 행복한 가방	가족 모습 그리고 말풍선 달기
6		친구	도서 : 누군가 뱉은	내가 싫어하는 친구 (생각과 감정 연결해 표현하기), 어떻게 할까요?
7		선생님	시 : 나 도서 : 선생님은 몬스터	그림으로 표현한 우리 선생님, 이런 선생님을 원해요
8	달라진 나	특별한 나	도서 : 나는요,	나 이런 사람이야, 나를 광고합니다
9		생각의 변화	도서 : 마음 요리	그걸 바꿔봐, 꽁냥꽁냥 마음 레시피
10		행동의 변화	도서 : B가 나를 부를 때 도서 : 우리 집에 늑대가 살아요!	튼튼 마음 프로젝트, 나를 도와줄 수 있어요
11	마음 근육 키우기		도서 : 내 마음은	함께 만든 행복나무
12	자신감 있는 나 프로그램 종결		도서 : 파랗고 빨갛고 투명한 나	나는 이런 사람이 될래요, 참여 소감 나누기

1세션

1) 세부목표 : 프로그램 소개 및 마음 열기

집단상담에 있어서 치료자와 참여자, 참여자들 간에 마음을 여는 것은 매우 중요한 작업이다. 프로그램의 초기에 참여자들이 마음을 열어 프로그램 환경을 안정적이고 편안한 공간으로 느껴야만 프로그램에 참여하는 동안 자신의 어려움을 충분히 털어 놓을 수 있다. 자신의 어려움을 털어놓는 것은 그것에 대한 타인의 공감을 얻고 카타르시스를 경험하고 통찰에 이르는 과정에 도달하는데 중요한 역할을 한다. 치료사는 치료사와 참여자의 관계는 물론, 집단 구성원인 참여자들끼리도 마음을 열도록 촉진해야 한다. 만약 프로그램 초기에 마음을 여는데 실패한다면 남은 세션 동안 치료사와 참여자들은 참여자의 근원적인 어려움에 초점을 맞추지 못하고 시간을 허비하게 된다. 우울한 아동의 대부분은 질문에 답을 하지 않거나 다른 참여자에게 관심을 보이지 않는 등의 반응이 없는 경우가 많기에 참여자의 마음을 여는 것은 쉽지 않다. 그럼에도 치료사가 적극적으로 참여자에게 다가가고 관심을 기울이는 등 긍정적인 관계를 형성하는 것은, 참여자들로 하여금 프로그램을 통해 자신이 안고 있는 어려움을 해결하고 긍정적인 변화를 기대하는 희망을 심어줄 수 있다. 또한 이후 세션의 원활한 운영에도 큰 도움이 된다. 그래서 참여자들의 마음 열기가 자연스럽게 이루어질 수 있도록 선정한 자료는 그림책 『마음 여행』이다. 관련 활동은 '프로그램에 대한 소개'와 '약속 정하기', '자기 소개하기'이다. 선정 자료 및 활동에 대한 세부적인 설명은 다음과 같다.

2) 문학작품

도서 : 마음 여행 / 김유강 글 · 그림 / 오올 / 2020

이 책의 주인공은 어느 날 마음을 잃어버렸다. 그 날 이후 하고 싶은 것도, 갖고 싶은 것도, 되고 싶은 것도 모두 없어져 버렸다. 마음을 찾기 위해 나선 길은 고단하고 힘들고 외로운 시간이었다. 무엇을 찾고 있지만 그것이 무엇인지 모르는 아이의 잃어버린 마음을 찾기 위해 고단하고 힘들지만 용기를 내어 여행을 떠나는, 그 여행을 통해 마음도 자란다는 이야기를 담고 있다. 잃어버린 마음을 찾아 떠나는 등장인물처럼 힘들고, 고단하지만 용기를 내어 잃어버린 마음을 찾아 여행을 시작한 참여자들에게 힘을 주고자하는 마음에서 이 그림책을 선정했다.

3) 관련 활동

① 나의 약속

집단 프로그램의 장점은 참여자들이 자신의 어려움을 객관적인 시각에서 볼 수 있다는 것이다. 집단 내에서 자신의 입장이나 상황과 비슷한 참여자들과 상호작용을 하다보면 자신과 타인과의 관계에서 문제를 보는 시각이 증진되고, 자기의 감정을 다른 사람에게 효과적으로 표현할 수 있고 타인의 감정 표현을 잘 받아들일 수 있다. 하지만 집단 내에서 공감을 얻지 못하고 다른 참여자들로부터 소외받는다는 인상을 받게 되거나 개인에게 집단의 압력이 가해지면, 오히려 구성원 개인의 개성이 상실될 우려가 있고 상담의 비밀보장이 어렵게 되어 오히려 더 큰 상처를 받게 된다. 그렇기에 이를 사전에 예방하기 위해 집단프로그램에 참여하는 동안 지켜야 할 규칙이 필요하고, 참여자들은 규칙을 지키겠다는 약속이 필요하다. 따라서 프로그램에 참여하는 동안 진지하고 적극적으로 참여하기, 다른 친구들의 말을 열심히 듣고 서로의 생각을 존중하기, 무엇보다 비밀 지키기 등의 규칙을 통해 참여자로 하여금 안정감과 신뢰감을 가질 수 있도록 할 필요가 있다. 활동 자료는 〈관련 활동 1-1〉과 같다.

② 나를 소개합니다

처음 만나는 사람에게 자신을 소개하는 것은 쉽지 않다. 설사 참여자 중에 알고 지내던 사이일지라도 자신에 대해 소개하거나 이야기 하는 것을 불편하게 생각할 수도 있다. 이는 상대방이 자신에 대해 어떤 선입견을 가지고 있을지, 자신 또한 상대방에 대해 어떠한 선입견을 가질 수 있기 때문에 자신을 드러내는 것을 망설이게 된다. 초등학교 고학년의 경우 급격한 신체적 발달에 의해 이성 간의 차이가 뚜렷하게 나타나고 성역할에 관한 생각도 뚜렷해진다. 또한 심리적, 정서적으로도 아동에서 청소년으로 변해 가는 시기로 혼자 있고자 하는 욕구가 점차 강해지고 타인의 감정에 민감해짐에 따라 자신의 감정을 숨길 수도 있다. 우울을 경험하는 참여자의 경우는 초등학교 고학년의 특성보다 더 많은 침묵과 더 많은 거부감을 나타낼 수 있다. 따라서 치료사는 집단에 참여하는 참여자들 간의 관계를 고려하여 적절한 자기소개의 방법을 결정할 필요가 있다. 이에 참여자의 부담감을 덜어주고 참여자들이 자신을 어떻게 인식하고 있는지에 대한 정보를 얻고자 다음과 같은 활동을 계획하였다.

▸ 준비물 : 채색 도구, A4 종이, 필기도구

▸ 실시 방법
- A4 종이에 자신의 손을 올린 후 따라 그린다.
- 손가락에 자신을 나타내는 단어를 적고, 손바닥에는 자신을 나타내는 하나를 그림을 그린다.
- 활동지를 보며 자기소개를 해보도록 한다.

우리들의 약속

나는 우리 모두가 재미있고 유익한 활동을 하기 위해
다음 사항을 성실하게 지킬 것을 굳게 약속합니다.

1. 집단 활동에 진지하고 적극적으로 참여하겠습니다.

2. 다른 친구들의 말을 열심히 듣겠습니다.

3. 서로의 생각을 존중하겠습니다. (비난, 조롱하는 말은 NO)

4. 비밀을 지키겠습니다.

20   년   월   일

이름 :   서명

2세션

1) 세부목표 : 나의 감정 탐색하기

감정의 사전적 의미는 어떤 현상이나 일에 대해 일어나는 마음이나 느끼는 기분을 말하고 언어, 표정, 몸짓 등의 다양한 방법으로 이를 표현하는 것이다. 아동기에는 폭발적인 감정을 제대로 통제하지 못하여 또래는 물론이고 어른들과의 갈등 상황도 자주 겪을 수 있다. 감정은 참으로 오묘해서 때로는 위장을 한다. 불안한데 화를 내고, 우울한데 즐거운 표정을 짓기도 한다. 오랜 기간 감정을 억압하고 회피하며 살아가면 결국 자기 감각이 말해주는 신호를 신뢰할 수 없게 된다. 따라서 하루에도 수십 번씩 변하는 감정 중에서 스스로의 감정을 정확하게 인식하고 긍정적으로 표현하고 이를 조절하는 방법을 익힐 수 있도록 기회를 제공할 필요가 있다. 따라서 이번 세션에서는 최근에 주로 느꼈던 감정에는 어떤 것들이 있는지를 알아보고, 우울할 때의 자신의 모습을 탐색할 수 있도록 하는데 목표가 있다. 목표 달성을 위해 선정한 문학작품은 그림책 '두 마음이 뒤죽박죽이에요'이고, 관련 활동은 '기분을 말해봐'와 '우울할 때 내 모습 탐색하기'이다. 선정된 문학작품과 관련 활동에 대한 세부적인 설명은 다음과 같다.

2) 문학작품

도서 : 두 마음이 뒤죽박죽이에요 / 매슈 리베라 글, 로리 브리튼 그림, 라미파 옮김 / 한울림어린이 / 2020

주인공 엘리는 여러 가지 감정을 느낀다. 친구와 신나게 뛰어놀 때는 기쁨, 아파서 친구 생일 파티에 가지 못했을 때는 슬픔을, 엄마가 엘리를 데리러 올 때는 엄마를 만나서 기쁘지만 친구와 헤어지는 건 슬프고, 동생이 태어나서 좋지만 사람들이 동생만 예뻐하는 것 같아 질투심도 난다. 친구가 같이 놀아주지 않을 때 슬프기도 하지만 화가 나기도 하고, 새로운 친구와 친해지고 싶어 다가가고 싶지만 수줍어서 아무 말도 못하기도 한다. 여러 감정을 뒤죽박죽 느낄 때 어느 감정 하나만 선택할 수 없다. 『두 마음이 뒤죽박죽이에요』는 〈처음 느끼는 감정〉 시리즈의 다섯 번째 책으로 복합감정, 이중감정과 같이 혼란스럽고 다루기 어려운 여러 감정들을 이해하고 표현하도록 돕는 그림책이다.

2세션의 목표는 자신의 여러 가지 감정 중 우울에 관한 '감정 탐색하기'이다. 따라서 여러 가지 감정 중 자신이 생각하는 우울한 감정이 무엇인지 인식하고, 우울할 때 나의 모습이 어떠한 행동으로 나타나는지 탐색해 볼 수 있도록 돕기 위해 이 그림책을 선정했다.

3) 관련 활동

① 기분을 말해봐!

자신이 느끼는 감정을 적절하게 표현하기 위해서는 사람이 느끼는 감정의 단어에 대해 이해할 필요가 있다. 하지만 수많은 단어 중에서 참여자들이 최근에 느꼈을 다양한 감정의 단어를 선택하기란 여간 쉽지 않을 것이다. 따라서 참여자들이 최근에 자신의 주변 인물이나 환경에 대해 느낀 다양한 감정을 카드를 이용하여 탐색해 보고자 한다. 이 방법은 '채널A'에서 방송되고 있는 「금쪽같은 내새끼」라는 프로그램의 4회차에서 오은영 박사가 감정 표현을 돕기 위한 처방으로도 사용된 것으로 다음과 같은 순서로 진행된다. 우선 펼쳐놓은 감정 카드 중에서 최근에 느꼈던 것을 골라서 활동지에 대상과 그 때의 자신이 어떻게 행동했는지를 적으며 대상별 감정을 어떻게 인식하고 있는지 정리할 수 있도록 도와준다. 이때 치료사는 그 이야기들을 잘 듣고 참여자 개개인이 어떤 대상으로 힘들어 하고, 어떤 측면에 대해 부정적인 감정을 느끼는지에 집중할 필요가 있다. 구체적인 활동 자료는 〈관련 활동 2-1〉에 있다.

② 우울할 때의 내 모습 탐색하기

자신의 감정을 가장 잘 아는 사람은 자기 자신이다. 따라서 언제, 어디서, 어떤 상황에서 우울해지는지도 본인이 가장 잘 알 것이다. 이 활동은 집과 학교나 학원, 가족과 친구와 선생님과의 관계, 공부와 성적 등 참여 아동이 어떠한 경우 우울해지는지를 점검해 볼 수 있도록 계획하였다.

기분을 말해봐!

여러분은 주로 어떤 감정을 느끼나요?

최근 일주일 동안 자주 느꼈던 감정 단어가 담긴 카드를 고르고,

그 때의 상황과 내 행동이 어땠는가도 적어보세요.

주로 느꼈던 감정	상황	나의 행동

우울할 때 내 모습 탐색하기

1. 내가 생각하는 우울이란?

2. 우울할 때 나는 어떤 생각을 하나요?

3. 우울할 때 나는 어떻게 행동을 하나요?

4. 프로그램이 끝난 이후 어떤 모습이길 원하나요?

3세션

1) 세부목표 : 감정 조절하기

> 세상에서 가장 현명한 사람은 모든 사람으로부터 배우는 사람이며,
> 가장 사랑 받는 사람은 모든 사람을 칭찬하는 사람이요,
> 가장 강한 사람은 자신의 감정을 조절할 줄 아는 사람이다.
>
> – 탈무드

어떤 사람들은 자신의 부정적인 감정을 겉으로 잘 드러내기도 하지만 대부분의 사람들은 부정적인 감정을 속으로 깊이 감추거나 담아 두기도 하고, 반대로 그 감정을 숨기기 위해 침묵하거나 과하게 포장하여 행동한다. 또한 부정적인 감정을 표현하는 것이 서툴러서 조절하지 못하여 다른 사람과의 관계를 단절시키기도 하고, 이런 상황들이 반복되면서 자신의 감정을 표현하고 드러내는 것이 힘들어지면 점점 타인의 감정 표현에 대해서도 익숙하지 못하게 된다. 대개 우울과 불안, 화, 슬픔, 분노의 부정적인 감정을 참고 가슴 깊이 담아두면 더 큰 마음의 병이 되기도 하고, 게임 중독이나 자해, 자살 등 자신과 타인에게 큰 피해를 줄 수 있다.

따라서 이번 세션에는 참여자들이 자신의 우울 감정을 적절히 드러내고 조절할 수 있도록 돕는데 목표가 있다. 선정한 문학작품은 『화가 날 때는 어떻게 하나요?』이고, 관련 활동은 '나의 울적이에요'와 '울적이 해소하기'이다. 이번 세션을 위해 선정된 문학작품과 활동에 대한 세부적인 설명은 다음과 같다.

2) 문학작품

도서 : 화가 날 때는 어떻게 하나요? / 다그마 가이슬러 글·그림, 김시형 옮김 / 풀빛 / 2014

화가 나는 모습은 상황이나 장소, 대상에 따라 다르다. 그러나 작게 시작된 짜증이라는 감정이 쌓이고 쌓이면 결국 '뻥'하고 터지는 순간이 온다. 물론 화는 나도 모르게 갑자기 치밀어 오를 때도 있어 타인에게 공격적으로 나타나거나, 혹은 자신에게 그 화를 돌리기도 한다.

이 그림책은 '풀빛 그림아이 시리즈' 중 아이가 다루기 어려운 감정 중에 하나인 '화'를 이해하고 다스리는 법을 이야기하는 감정 코칭 그림책이다. 주인공의 이야기를 통해 아이들이 화가 났을 때 남에게 상처주거나 자신을 힘들게 하지 않으면서 자기의 화를 다스리고 풀 수 있는 방법을 알려준다. 우울한 아동의 경우는 자신의 마음과는 달리 행동화, 과잉행동, 공격성, 비행, 또래관계 문제, 성적 저하, 신체증상, 분노발작, 공포증 등으로 나타나는 경우가 있어 대인관계에 어려움을 가질 수 있다. 따라서 참여 학생들은 그림책의 주인공 아이가 혼란스러워 하고 힘들어하는 분노, 짜증, 억울함과 같은 상황, 감정, 행동을 살피며 참여자의 내제된 억압의 감정을 동일시할 수 있을 것이다. 또한 주인공이 화를 해소하기 위해 하는 행동을 통해 자연스럽게 자신의 감정을 한다면 우울감 완화에 도움이 될 것이다.

3) 관련 활동

① 나의 울적이에요

지난 세션에는 '나의 감정 탐색하기' 활동을 통해 우울할 때 나의 모습을 탐색했다면, 이번 세션에는 그림책을 읽으며 다시 한 번 우울할 때, 화가 날 때의 자신이 모습이 어떤지 점검할 수 있도록 도왔다. 따라서 이번 세션에는 A4용지에 크레파스나 색연필, 사인펜 등을 이용하여 나의 울적이 그리기를 통해 자신의 우울을 시각화하고 객관화하는데 도움을 주고자 하였다.

② 나의 감정 해소하기

화가 났을 때 무엇을 집어던지거나 다른 사람을 공격하기, 혹은 자기 자신을 공격하는 행동은 옳지 않다. 하지만 부정적인 감정을 적절하게 표출한다면 그로 인한 죄책감이나 실망감을 감소시키면서도 즐거움과 후련함을 맛볼 수 있을 것이다. 부정적인 감정을 표출하는 방법으로는 호흡법을 이용한 마음 다스리기, 신문지 찢기, 컵 쓰러뜨리기, 풍선 터뜨리기, 뻥튀기 부수기 등의 다양한 방법이 있지만, 이번 세션에는 쉐이빙 폼을 이용하여 활동해 보고자 한다. 쉐이빙 폼은 거품이 사라지는 형태의 비누가 아니기 때문에 오랜 시간 형태를 만들고 놀이를 할 수 있다는 장점이 있다. 또한 슬라임과 액체 괴물보다 거부감이 적기 때문에 재료로 적합하다고 생각하였다. 그러나 쉐이빙 폼은 향이 적은 것을 사용하는 것이 좋다. 활동을 위해서는 우선 책상 오염 방지를 위해 미리 비닐을 깔아주는 것이 좋다. 이어서 하얀 쉐이빙 크림을 놓고 자신이 원하는 모습을 만들어 보게 한다. 여기에 색깔 모래나 물감을 첨가한다면 다양한 연출을 할 수 있다. 이 활동을 통해 참여 학생들은 억압된 감정이 해소되는 카타르시스를 경험하게 될 것이다.

나의 울적이에요

나의 울적이는 어떤 모습일까요?

나의 울적이를 그리고 색도 칠해보세요.

4세션

1) 세부목표 : 우울 감정 안아주기

수용한다는 것은 열린 시각으로 아무런 비판 없이 있는 그대로를 받아들이는 것으로, 1940년대 미국의 심리학자인 로저스(Rogers)는 인간중심상담 이론을 통해 상담 목표를 달성하기 위해 상담자가 지녀야 할 태도로 무조건적 긍정적 수용과 진실성, 공감적 이해를 꼽았다. 여기서 무조건적 긍정적 수용은 상담자가 내담자가 나타내는 어떠한 감정이나 사고, 행동에 대해서도 비판이나 평가 없이 내담자를 있는 그대로 존중하고 수용하는 태도라고 한다. 심리적 회복탄력성을 높여 우울을 극복하기 위한 방법으로 자신의 긍정적인 면과 부정적인 면 모두를 인정하고 수용하기가 있다.

따라서 3세션에서 자신의 우울에 대해 탐색하고 드러내며 조절하였다면, 이번에는 자신의 우울을, 자신의 그림자[47]를 인정하고 수용할 차례이다. 따라서 이번 세션에서는 참여자들이 자신이 느끼는 우울한 감정을 수용하고 '나'를 사랑할 수 있도록 돕기 위해 그림책 『가만히 들어주었어』와 푸드 테라피를 활용한 '나에게 주는 선물' 활동을 선정했다. 선정된 문학작품과 관련 활동에 대한 세부적인 설명은 다음과 같다.

2) 문학작품

도서 : 가만히 들어주었어 / 코리 도어페드 글, 그림, 신혜은 옮김 / 북뱅크 / 2019

---

47) 칼 쿠스타프 융(Carl Gustav Jung, 1875~1961)의 분석심리학에서 강조하는 핵심 개념으로, 진정한 자아 중에서 집단에서 받아들여지지 않는 부분은 무의식 속으로 숨게 되는데, 이 숨겨진 부분을 '그림자'라고 말한다. 따라서 그림자는 본능적이고 비합리적이며 투사적 경향이 있다.

테일러는 공을 들여 새롭고 특별하고 놀라운 것을 만들었다. 그런데 새들이 날아와 공들여 쌓은 것을 와르르 무너뜨리고 말았다. 닭, 곰, 코끼리, 하이에나, 캥거루, 타조, 뱀은 슬프고 우울하고 절망에 빠진 테일러에게 소리 지르기, 다른 사람이 해결해 주도록 부탁하기, 슬프지 않은 척 하기, 다른 아이들이 만들어 놓은 걸 무너뜨리기 등의 해결 방법을 이야기 해주지만 아무 것도 하지 않자 모두 가버린다. 혼자 남은 테일러에게 다가 온 토끼는 가만히 테일러의 옆에 있어 주었고, 그런 토끼에게 테일러는 자신의 우울한 마음, 속상한 마음을 이야기하고 수용하며 스스로 해결 방법도 찾게 된다. 이 그림책은 우울한 자신의 마음과 모습을 보며 주위에서 해주는 충고와 해결 방법보다 자신의 감정을 수용하고 인정할 때, 또한 자신의 우울한 마음을 누구보다 많이 스스로 위로할 때 새로운 방법을 찾을 수 있다는 점을 보여준다.

3) 관련 활동

① 나에게 주는 선물

이 활동은 지점토를 이용하여 자신에게 주고 싶은 선물을 만들고 더불어 짧은 위로와 응원의 메시지를 적어 보는 것이다. '선물은 받는 것보다 주는 것이 더 행복하다.'라는 말이 있다. 이런 말 때문인지 선물은 왠지 누군가에게 주어야만 할 것 같은 생각이 들기도 한다. 선물을 하기 위해서는 받는 사람이 무엇을 좋아하는지, 어떤 것을 원하는지, 선물을 받았을 때 행복할지 등 많은 생각을 한 뒤 고르게 된다. 필자는 선물을 줄 때도 행복하지만 받을 때 더 행복하다. 왜냐하면 그 선물에는 '그럼에도 잘 살았어.'라는 인정과 사랑이 담겨 있는 것 같기 때문이다. 어떤 이는 스스로에 대한 보상으로 한 달에 한번쯤은 스스로에게 선물을 주는 것이 필요하다고 말한다. 이런 의미에서 이 활동은 과자, 과일, 야채 등을 이용한 푸드 테라피 방법을 활용하여 나에게 주는 선물을 만들어 우울하기도, 슬프기도, 좌절하기도 했던 많은 시간들에 대해 위로받을 수 있도록 돕고자 한다. 이 활동은 참여 아동들에게 자신의 우울을 인정하고 다시 힘을 낼 수 있는 기회가 될 것이다.

나에게 주는 선물

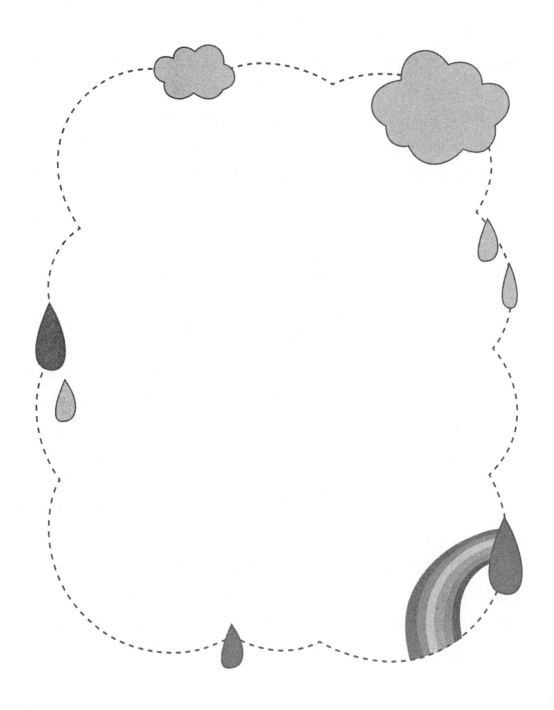

5세션

1) 세부목표 : 대상별 우울 요인 점검 – 가족

아동의 우울은 자존감 정도, 도전에 대한 실패 경험의 결과 등 각자의 성격과 살아온 환경, 지금 현재의 상황 등 일생에서 지금까지 모든 내부-외부적인 요인이 원인이 될 수 있다. 아동에게 가족은 가장 중요한 요소지만 우울의 원인 중 가장 밀접한 외부적인 요인이기도 하다. 가족 간의 관계에서 중요한 것 중 하나는 존중과 이해인데 부모가 강요나 간섭으로 일방적으로 원하는 방향으로 이끌어가고, 공부 스트레스와 가정불화로 가족에서 이해받지 못하고 존중받지 못한다고 느끼는 경우, 아동은 존재에 대한 부정과 무가치함을 느끼면서 더 큰 우울감을 경험하게 된다. 또한 친구나 선생님과의 관계에서 오는 어려움이 있을 경우 먼저 존중해주지 않는다면 심리적 위축, 부정적 자존감 등을 경험할 수도 있다.

따라서 이번 세션에서는 참여자들의 가족 관계를 살펴보고 가족에서 오는 우울한 감정을 드러내고 치유할 수 있는 기회를 갖는데 목표가 있다. 이를 위해 선정한 문학작품은 그림책 『위대한 가족』과 『행복한 가방』이며, 관련 활동은 '가족 모습 그리고 말풍선 달기'이다. 선정된 문학작품과 활동에 대한 세부적인 설명은 다음과 같다.

2) 문학작품

도서 : 위대한 가족 / 윤진현 글 · 그림 / 천개의 바람 / 2016

힘센 천하장사인 위대한 사자 아빠, 무슨 일이든 척척 잘하는 슈퍼우먼인 위대한 코끼리 엄마, 한 번도 진적 없는 위대한 권투선수 캥거루 큰 형, 우아한 발레리나인 위대한 하마 누나, 쓱쓱 무엇이든 잘 그리는 화가인 위대한 원숭이 작은 형, 그리고 방귀쟁이 스컹크인 나. 벽면을 채운 액자에는 스컹크인 주인공 사진만 없다. 가족은 저마다 위대해서 함께 있는 것이 귀찮아 각자 높이, 높이, 더 높이 벽돌을 쌓았고 결국 성이 되어 따로따로 지낸다. 서로에 대한 관심도, 소통도 없어진 가족, 혼자 남은 나는 너무나도 심심하고 답답해서 참고참고 참았던 방귀를 끼고 만다. 그제야 모두 모인 가족, 가족은 함께 무너진 벽을 치우고 예전과 같은 벽은 만들지 않지만 여전히 저마다 위대하다. 또한 자신도 위대한 방귀쟁이라는 것을 깨닫는다.

가족에게서 자신이 관심을 받지 못한다고 느낄 때 아동은 우울감을 느낀다. 이 그림책에서는 각자 인물의 개성과 동물 특성을 연결해 캐릭터로 표현하고 있다. 우리 가족도 그림책의 등장인물처럼 서로의 일들로 인해 무관심하고 있지는 않을까? 그림책을 통해 참여자 가족의 관계를 점검해 보며 우울의 원인을 발견할 수 있도록 돕자.

도서 : 행복한 가방 / 김정민 글 · 그림 / 북극곰 / 2018

표지 그림 속 아이는 분명 풍선을 잡고 즐거운 웃음을 짓고 있었는데, 책장을 넘기면 슬픈 표정으로 책상에 엎드려 있다. 무표정한 모습으로 친구들과 헤어져 어디론가 향하는 아이가 메고 있는 가방은 참으로 무거워 보인다. 끌고 가려고 해도 쉽사리 움직이지 않을 만큼 무거워진 가방, 어디선가 날아온 풍선에 가방을 묶어 날려 보내 자유로워지는가 싶었지만 풍선은 곧 터지고 만다. 그래서 다시 그 가방을 분실물품을 모아둔 곳에 놓고 가려고 하지만 이번에는 할아버지가 나서서 챙겨주자, 마지막으로 쓰레기통에 버린다. 드디어 가방으로부터 해방된 기쁨에 아이는 춤을 추며 아이스크림을 고르고 있는데, 그사이 가방을 찾은 강아지가 물고 가져가 집에 있는 엄마에게 준다. 가방을 챙기지 못한 아이에게 화가 난 엄마가 가방에서 발견한 건 20점을 맞은 시험지, 그날 밤 엄마는 아이가 자는 동안 축구공 가방을 열심히 만든다.

이 그림책은 글이 없는 그림책으로 그림을 보고 이야기를 유추하면서 내용을 만들어볼 수 있다. 가족이라는 주제의 그림책은 많지만 이 그림책은 학교생활, 학습, 성적이라는 소재로 아동들의 공감을 쉽게 불러일으킬 것이다. 또한 주인공의 마음을 이해해주는 엄마의 모습을 보며, 자신의 마음도 이해받기를 원하는 참여자들의 솔직한 마음도 나눌 수 있는 기회를 줄 것이다.

3) 관련 활동

① 가족 모습 그리고 말풍선 달기

초등학교 아동의 가족관계를 알아보기 위해서 주로 활용되고 있는 그림 검사로는 '물고기 가족화'나 '동적 가족화(KFD)'가 있다. 그런데 이 프로그램에서는 크기가 다른 사람 모양의 종이 인형을 이용하여 가족의 관계를 살펴보고 참여자를 우울하게 하는 요인이 무엇인지를 탐색하며 표현해 보게 하는 활동으로 바꾸어 보았다. 본 활동을 위한 준비물과 세부 방법은 다음과 같다.

▸ 준비물 : A4 용지, 크기가 다른 2종류의 사람 모양의 종이, 그리기 도구, 집게, 다른 모양의
　　　　포스트 잇

▸ 실시 방법
- 먼저 가족의 수만큼 모양 종이를 갖는다.(부모님은 큰 종이, 형제는 작은 종이)
- 종이에 자신과 가족의 특징을 살려 그림으로 꾸며 보라고 한다.
- 포스트잇을 이용하여 가족이 나에게 자주 하는 말을 적어보라고 한다.
- 꾸며진 종이의 뒷면에 포스트잇을 붙인다.
- 완성되면 종이의 아랫부분에 집게를 이용하여 세우도록 한다.
- A4 용지 위 원하는 곳에 꾸민 종이를 놓아보라고 한다.
- 위의 활동이 끝나면 각자 꾸민 종이를 보며 놓은 이유와 느낌, 말풍선에 대해 설명하는 시간을 갖는다.
- 포스트잇을 가족 수만큼 나누어 준 후 가족에게 듣고 싶은 말을 적어 보라고 한다.
- 작업이 끝나면 느낌을 나누고 피드백 하는 시간을 갖는다.

6세션

1) 세부목표 : 대상별 우울 요인 점검 – 친구

이번 세션은 대상별 우울 요인 점검 두 번째 시간으로 친구관계를 살펴보는데 목표가 있다. 10대에게 친구는 부모보다 더 중요한 존재이다. 왜냐하면 친구는 자신의 이야기를 들어주고 자신을 이해해주고 지지해주는 존재라고 믿고 있기 때문이다. 자신을 믿고 이해해주고 지지해 주는 친구를 얻기도 어려운 일이지만 자신이 누군가에게 그런 친구가 되는 것 또한 어려운 일이다. 특히 우울을 경험하는 아동의 경우 또래 친구 관계에 의한 우울이 원인이 되기도 하며, 우울로 인해 친구와 쉽게 어울리지 못하고 만남도 차츰 피하게 되는 상황은, 결국 더 우울하게 만드는 원인으로 작용한다.

따라서 이번 세션에서는 참여자들의 친구 관계에서의 우울 원인을 점검해 보고 친구관계를 재정립하기 방법을 탐색해 보는 기회를 갖는데 목표가 있다. 목표 달성을 위해 선정한 문학작품은 그림책 『누군가 뱉은』이며, 관련 활동은 생각과 감정을 연결하여 표현하는 '내가 싫어하는 친구'와 '어떻게 할까요?'이다. 선정된 문학작품과 관련 활동에 대한 세부적인 설명은 다음과 같다.

2) 문학작품

도서 : 누군가 뱉은 / 경자 글 · 그림 / 고래뱃속 / 2020

누군가 뱉은 "꺼져!"라는 검은 말풍선은 상대방의 얼굴에 날아가 무거운 눈물이 되어 땅으로 떨어져 검댕이 '꺼져'가 된다. 검댕이 '꺼져'가 만난 또 다른 검댕이 친구들은 차마 자신의 이름을 말하지 못하기도 한다. '꺼져'는 친구들이 사람들의 머릿속에 들어가 입으로 나오면서 상대방을 울리는 장면을 본다. 모두 재미있게 이 사람 저 사람 속으로 왔다 갔다 하며 자신들 때문에 슬퍼하는 사람들을 구경하지만 '꺼져'의 마음은 편하지 않다. '꺼져'는 검댕이들을 떠나 무지갯빛 방울을 발견하고 웃음소리 가득한 무지갯빛 세상 속으로 가게 되면서 달라진다. 한번 뱉은 말은 화살이 되어 누군가의 마음을 슬프게도 우울하게도 하고, 때로는 행복이나 용기가 되기도 한다. 이번 세션을 위해 이 그림책을 선정한 이유는 관계에서 오는 말과 행동으로 상처 받고 우울하여 소심해지면서, 험한 말로 누군가에게 상처를 주었을 가능성이 있는 참여자들의 마음 속 이야기를 꺼내볼 수 있도록 하기 위해서이다.

3) 관련 활동

① 내가 싫어하는 친구(생각과 감정 연결하여 표현하기)

아동들은 자신을 무시하는 말과 따돌리고 험담하는 행동 등 다양한 측면에서 친구들로부터 상처를 받는다. 따라서 이와 같은 경험을 한 아동들은 자신을 무능력하다고 여길 수 있고 무기력감을 느끼면서 우울까지 경험할 가능성이 높다. 이에 이번 세션에서는 친구관계에서 오는 우울 요인을 살펴보고, 그런 상황일 때 자신의 정서와 행동을 탐색해 보며 내게 무엇이 필요한지 깨달을 수 있도록 돕고자 한다.

② 어떻게 할까요?

이 활동은 앞서 탐색한 내가 싫어하는 친구들에 관한 자신의 생각과 감정, 행동 중에서 해결하고 싶은 측면에 집중해 그 방안을 모색해 보는 것이다. 활동을 위한 준비물과 구체적인 실시 방법은 다음과 같으며, 여기서 같은 색의 색종이를 사용하는 것은 작성자의 비밀을 보장해서 참여 아동들의 부담감을 덜어주기 위해서이다.

▸ 준비물 : 같은 색깔의 색종이, 필기도구, 비밀 상자

▸ 실시 방법

– 자신의 문제 중에서 함께 해결하고 싶은 문제가 있다면 색종이에 적어보라고 한다.

– 색종이를 창문 접기로 접은 후 비밀 상자에 담는다.

– 비밀 상자를 섞은 후 치료사가 하나를 선택하여 읽어준다.

– 참여자가 함께 생각해보고 각자가 생각하는 해결 방법을 피드백 하는 시간을 갖는다.

내가 싫어하는 친구

학교에서, 학원에서, 동네에서 만나는 친구들 가운데 나를 힘들게 하는 친구가 있나요?

그 친구와 어떤 일이 있었는지, 그럴 때 어떤 생각이 들었는지,

어떻게 행동했는지를 적어보세요.

어떤 일이 있었나요?	어떤 생각을 했나요?	어떻게 행동했나요?

7세션

1) 세부목표 : 대상별 우울 요인 점검 – 선생님

대상별 우울요인 점검 세 번째 세션은 참여자들이 가장 많은 시간을 보내는 학교나 학원에서의 선생님에 관한 부분이다. 학교는 공부하고 잔소리로만 가득한 공간이라고 인식한다면 그곳은 감옥과도 같을 것이다. 선생님은 공부를 잘하고 학교 규칙을 잘 따르는 학생에게 관대하지만, 그렇지 못한 학생들에게는 답답하고 무기력을 불러오게 하는 존재이다. 물론 현 시대의 선생님들은 예전의 모습과 많이 달라져 아이들의 마음을 공감하고 이해하려 애쓰는 것은 물론이고, 아이들이 학습에 흥미를 갖고 낙오자가 생기지 않도록 하기 위해 많은 노력을 하신다. 하지만 그럼에도 학교는 평가를 받는 곳이기에 선생님과 학생 사이가 늘 좋다고 말할 수는 없다. 따라서 이번 세션에서는 참여자들이 선생님과 관계에서 발생하는 우울의 원인을 탐색하고 자신의 감정을 표현해 보는데 목표가 있다. 이를 위해 선정한 문학작품은 시 '나'와 그림책 『선생님은 몬스터』이며, 관련 활동은 '그림으로 표현한 우리 선생님'과 '이런 선생님을 원해요'이다. 선정된 문학작품과 관련 활동에 대한 세부적인 설명은 다음과 같다.

2) 문학작품

시 : (동시의 숲 11) 아빠 무릎에 앉는 햇살 / 송재진 글, 김세영 그림 / 아동문학평론 / 2015

선생님은 언제쯤 야, 너, 얘가 아닌 정말 내 이름을 불러주실까요? 새 학기가 시작되고 두 달이 지났지만 선생님은 나의 이름이 아닌 "야, 너, 얘"로 부르신다. 학교생활에서의 선생님과의 관계를 담고 있는 시 '나'는, 송재진 시인의 『아빠 무릎에 앉는 햇살』에 실린 동시조이다. 『아빠 무릎에 앉는 햇살』은 한국아동문학인협회 우수 작품상을 수상한 동시조집으로 시인의 독특한 표현과 해학이 잘 표현되어 있다는 평을 받고 있다. 시인은 어린이를 보는 시각이 차별화되어 표현하고 있는데, '교실 감옥에 갇혔다(비 오는 날 中)', '혼내지 마세요, 샘!(일기검사 中)' 등의 표현처럼 어린이들을 낭만적인 관점에서만 살피지 않고 어린이들의 학교생활을 솔직하게 표현하고 있다. 따라서 하루 중 가장 많은 시간을 보내는 학교에서의 생활을 점검해 보고, 그 중에서도 선생님과의 관계에서 상처를 입은 경험이 있다면 함께 이야기 나눌 수 있는 기회를 만들어 보자.

도서 : 선생님은 몬스터 / 피터 브라운 글·그림, 서애경 옮김 / 사계절 / 2015

쿵쿵쿵 울리는 발소리, 쩌렁쩌렁한 목소리, 자신의 잘못을 지적하며 혼내는 선생님…. 주인공 바비는 선생님을 초록색의 몬스터로 생각한다. 선생님을 만나지 않아도 기쁜 주말 오전에 바비는 자신의 비밀 장소가 있는 공원으로 갔지만, 그곳에서 선생님을 만나고 만다. 때문에 도망을 치고 싶었지만 어쩔 수 없이 선생님께 인사를 하게 되고, 갑자기 불어온 바람 덕분에 처음으로 선생님으로부터 고맙다는 말을 듣는다. 그러자 기분이 좋아진 바비는 선생님께 자신의 비밀 장소를 소개하고, 선생님은 교실에서는 금지됐던 종이비행기 날리기를 바비에게 허락한다. 이후 다시 학교에서 만난 선생님의 모습은 더 이상 초록색의 괴물이 아니었다.

이번 세션을 위해 이 그림책을 선정한 이유는 바비와 선생님의 초반 관계처럼, 참여 아동들에게 학교나 학원에서 자신의 행동이나 태도를 이해해 주지 않고 잘못이라고 지적하며 혼냈던 선생님과의 관계를 떠올릴 수 있도록 돕기 위해서이다.

3) 관련 활동

① 그림으로 표현한 선생님 모습

이 활동은 참여자들이 학교에서 적응하는데 어려움을 겪는 요인은 물론 학교생활 혹은 학원에서 일어나는 선생님에 대한 참여자들의 느낌을 알아보기 위해서이다. 어떤 참여자는 선생님의 모습을 천사처럼 예쁘고 인자하게 그리겠지만, 어떤 아동은 악마나 혹은 괴물처럼 그릴 수도 있다. 어쨌든 이러한 모습은 자신의 마음속에 잠재된 선생님의 모습일 것이다. 이 활동은 참여자가 생각하는 선생님의 모습을 그림으로 그리고, 자신이 그린 선생님을 한 문장으로 표현해 봄으로써 선생님과의 관계에서 비롯된 우울의 원인이 있는지를 찾아보는데 목적이 있다.

② 내가 원하는 선생님의 모습

누군가는 선생님이 자신을 상냥하게 대해주기를 원할 테고, 또 누군가는 학업의 결과물로만 평가 받지 않기를 원할 것이다. 이 활동은 참여자들이 원하는 선생님의 모습이 어떠한지에 관해 진솔하게 표출하는데 초점을 맞춘다. 따라서 내가 원하는 선생님의 모습을 적어보고, 혹시 내가 만난 선생님들 가운데 칭찬할 점이 있다면 직접 해 봄으로써 긍정적 인식의 싹을 틔울 수 있도록 해보자.

나

- 송재진 -

새 학기 시작하고
두달이 넘었는데도

야, 너, 얘, 선생님은
그렇게 날 부르신다.

내가 뭐,
이름 없는 풀꽃인가?
나는 나야, 고은솔!

『(동시의 숲 11) 아빠 무릎에 앉는 햇살 / 송재진 글, 김세영 그림 / 아동문학평론 / 2015』

내가 원하는 선생님은요

* 내가 원하는 선생님의 모습을 적어보세요.

1.

2.

3.

4.

5.

* 우리 선생님의 좋은 점을 적어보세요.

1.

2.

3.

4.

5.

* 혹시 내가 원하는 선생님의 모습과 우리 선생님의 모습 중 일치하는 부분이 있나요?

8세션

1) 세부목표 : 달라진 나 – 특별한 나

이번 8세션에서 10세션까지는 참여자들의 숨겨진 자원을 찾고 생각과 행동의 변화를 통해 달라진 나로 거듭나기 위한 단계이다. 누구나 자신만의 특별한 강점 자원을 가지고 있고, 그 강점을 활용하여 긍정의 뇌로 변화시킬 수 있다. 하지만 무기력하고 부정적인 신념을 가진 참여자들은 자신에 대해 부정적이기 때문에 자원을 갖고 있을 것이라고 생각하지 못한다. 따라서 스스로 자신의 긍정적인 면을 찾다보면 자신에 대한 믿음과 존중감이 생긴다. 또한 자신의 장점을 찾으려는 노력은 타인을 바라보는 눈에도 긍정적인 영향을 미치기 때문에, 타인에게서도 장점을 찾을 수 있게 해준다.

따라서 이번 세션에서는 참여자들이 자신의 강점을 찾아보고 다른 참여자에게 그것을 알려 보는 활동을 통해, 자신감 있는 '나', 달라진 '내'가 되도록 하는데 목표가 있다. 이를 위해 선정한 문학작품은 그림책 『나는요,』이며, 관련 활동은 '나 이런 사람이야'와 '나를 광고합니다'이다. 선정된 문학작품과 관련 활동에 대한 세부적인 설명은 다음과 같다.

2) 문학작품

도서 : 나는요, / 김희경 글 · 그림 / 여유당 / 2019

"세상에는 수많은 나가 있어요. 나는요, 나는 누구일까요?"라는 물음으로 시작하는 이 그림책은, '내가 생각하는 하는 나는 어떤 사람인가?'에 대한 대답을 동물들의 행동 특성에 빗대어 이야기 하고 있다. 사슴처럼 겁이 많기도, 나무늘보처럼 나만의 공간이 좋기도, 스스로 해냈을 땐 문어처럼 너울너울 춤을 추기도, 선택하는 것이 어려워 갈팡질팡하기도, 가끔 내가 있는 곳이 점점 줄어드는 기분이 들 때도 있는 나. 이 모든 것이 나이다. 따라서 참여 아동들은 이 그림책을 통해 나는 어떤 사람인지, 내가 할 수 있는 것이 무엇인지 등 여러 측면을 생각해 볼 수 있을 것이며, 그 과정 속에서 자신도 괜찮은 사람이라는 인지적 변화를 꾀해 결국 심리적 탄력성을 높일 수 있을 것이다.

3) 관련 활동

① 나 이런 사람이야

이 활동은 참여 아동들이 자신의 장점을 '일-열'까지의 첫 글자를 이용하여 시를 지어보면서 자원을 찾을 수 있도록 돕는데 목적이 있다. 이 활동은 글로 표현한 자신의 긍정적인 부분을 인식함과 동시에 다른 참여자들의 장점을 인정해 주고 서로를 존중할 수 있는 기회가 될 것이다. 구체적인 활동 자료는 〈관련 활동 8-1〉에 제시하였다.

② 나를 광고합니다

광고의 목적은 주로 광고 내용에 대해 대중이 일정한 방식으로 반응하도록 설득하는 것이다. 따라서 이 활동은 자신의 긍정적인 자원을 탐색한 참여자들이 자신의 자원을 그림이나 글자를 이용해 표현하여 자신을 광고해 보면서, 자신에 대해 긍정적인 자아상을 갖도록 하는 것이 이 활동의 궁극적인 목적이라 하겠다.

나 이런 사람이야

일 : _____ 처럼 _____ 한 나

이 : _____ 처럼 _____ 한 나

삼 : _____ 처럼 _____ 한 나

사 : _____ 처럼 _____ 한 나

오 : _____ 처럼 _____ 한 나

육 : _____ 처럼 _____ 한 나

칠 : _____ 처럼 _____ 한 나

팔 : _____ 처럼 _____ 한 나

구 : _____ 처럼 _____ 한 나

십 : _____ 처럼 _____ 한 나

나를 광고합니다

9세션

1) 세부목표 : 달라진 나 - 생각의 변화

9세션의 목표는 지난 8세션에서 찾은 자신의 강점을 바탕으로 부정적이고 역기능적인 자동적 사고를 타당하고 합리적으로 바꿀 수 있도록 돕는데 목표가 있다. 자신의 자원을 발견했더라도 그것을 잘 활용하려면 그것이 빛을 발하기까지는 기다림과 노력이 필요하다. 평소에 원치 않는 상황에 대해 부정적으로 생각하는 사람은 작은 어려운 상황이라도 그것을 크게 생각하며 부정적으로 해석한다. 우울한 아동의 경우도 마찬가지이다. 따라서 이번 세션에서는 참여자들이 자신의 부정적인 사고를 합리적으로 생각할 수 있도록 도와야 한다. 물론 부정적 사고를 합리적으로 바꾸는 것이 한 번의 학습만으로 확립되기는 어렵다. 따라서 이번 세션을 계기로 지속적 노력을 위한 기회를 만들기 위함인데, 이 작업을 도와줄 문학작품은 그림책 『마음요리』이며, 관련 활동은 생각의 전환을 위한 인지정서행동치료기법을 응용한 '그걸 바꿔봐'와 '꽁냥꽁냥 마음 레시피'이다. 선정된 문학작품과 관련 활동에 대한 세부적인 설명은 다음과 같다.

2) 문학작품

도서 : 마음요리 / 엄지짱꽁냥소 글 · 그림 / 노란돼지 / 2021

이 그림책은 하루하루 달라지는 마음을 위해 그때 상황에 어울리는 요리들을 처방해 주는 내용을 담고 있다. 때로 원하는 대로 되지 않는 나에 대해 실망하기도 하고, 친구와 다투는 바람에, 혹은 선생님의 표정과 말로 마음이 상하고 화가 나기도 하고, 부모님의 잔소리와 무관심으로 가시 돋친 말이 나오기도 한다. 그래서 마음이 꽁할

땐 마음꽁치구이를, 허무하고 뻥 뚫린 것 같을 땐 마음도넛을, 들들 볶일 때는 마음떡볶이를 먹는다. 저자는 사람들이 성장하면서 만나게 되는 여러 가지 마음을 당황하지 않고 덜 아프게 무사히 잘 지나갔으면 하는 마음으로, 그리고 단단한 마음으로 자라길 바라는 마음으로 이 책을 만들었다고 한다. 부디 그때그때마다 모습을 바꾸는 우울, 슬픔, 좌절감이 긍정적인 마음으로 바뀌기를 기대해 본다.

3) 관련 활동

① 그걸 바꿔봐 / 꽁냥꽁냥 마음 레시피

이 활동은 앨버트 엘리스(Alvert Ellis, 1913~2007)의 인지 · 정서 · 행동치료기법(REBT)을 응용한 것으로, 이 기법에서는 사람의 심리구조를 인지, 정서 그리고 행동으로 단순화시킬 때 이 세 요인은 상호작용을 한다고 믿으며, 인간이 행동하고 느끼는 것의 원천은 인지에 의한 것임을 강조한다. 치료 과정의 핵심 부분은 ABCDE 모형으로 표현되는데, A는 선행사건(Antecedents), B는 사건에 대한 내담자의 신념(Beliefs), C는 선행사건에 의한 내담자가 보고하는 정서적 또는 행동의 결과(Consequences), D는 비합리적인 신념에 대한 상담자의 적극적인 논박(Disputes), E는 비합리적 신념을 직면한 결과(Effects)를 의미한다.

모든 상황을 마주한 참여자가 부정적인 면만을 보고 주저앉는다면 그 상황은 부정적이 되고 말 것이고, 상황에서 가능성과 기회를 발견하는 사람은 그 상황을 이끌어 가는 주인공이 될 것이다. 따라서 이 활동은 먼저 참여자들이 한 주간 동안 지내면서 나를 우울하게 했던 상황을 생각해 보고 그럴 때 들었던 자신의 인지, 정서, 행동을 점검해 보며 긍정적인 마음으로 바꿀 수 있도록 〈관련 활동 9-1〉의 활동지를 이용해 연습해 보고, 다양한 색깔의 클레이를 이용하여 꽁냥꽁냥 마음 레시피를 이용한 마음 요리 활동으로 연결해 보면서 마음과 생각의 변화를 돕고자 하였다.

그걸 바꿔봐

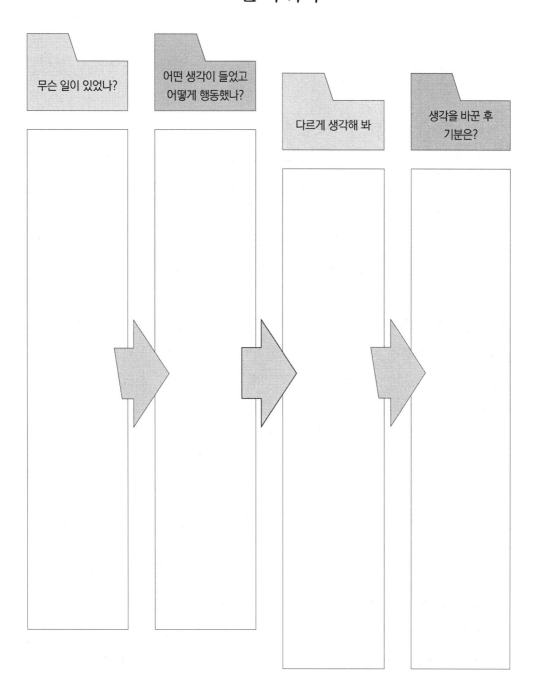

무슨 일이 있었나?

어떤 생각이 들었고
어떻게 행동했나?

다르게 생각해 봐

생각을 바꾼 후
기분은?

10세션

1) 세부목표 : 달라진 나 – 행동의 변화

"세상을 움직이려면 먼저 나 자신을 움직여야 한다."는 소크라테스의 말처럼 작은 행동이라도 실천해야만 세상을 움직일 수 있다. '토머스 로버트 게인즈(Thomas Robert Gaines)'는 "꿈꾸는 것도 훌륭하지만 꿈을 실행에 옮기는 것은 더 훌륭하다. 신념도 강하지만 신념에 실행을 더하면 더 강하다."라고 하였다. 자신의 특별한 강점을 발견하고 부정적인 감정을 긍정적인 감정으로 바꾸는 것도 중요하지만 달라진 나를 위해 행동 변화를 위한 작은 실천을 해보는 것이 참여한 아동들에게도 필요하지 않을까?

따라서 이번 세션에서는 참여자들이 가정, 학교, 학원에서의 관계와 자기 성장을 위한 행동 변화 실천을 돕기 위해 그림책 『B가 나를 부를 때』와 『우리 집에 늑대가 살아요』를, 관련 활동은 '튼튼 마음 프로젝트'와 '나를 도와줄 수 있어요'를 선정했다. 선정된 문학작품과 관련 활동에 대한 세부적인 설명은 다음과 같다.

2) 문학작품

도서 : B가 나를 부를 때 / 수잔 휴즈 글, 캐리 소코체프 그림, 김마이 옮김 / 주니어김영사 / 2018

이 그림책은 학교 내 괴롭힘 문제를 다룬 이야기로 '괴롭힘을 당하는 나', '나를 괴롭히는 B와 주변 친구들', '나의 엄마와 강아지'의 말과 행동을 간결하게 설명하는, 기승전결이 아닌 질문에 답을 하는 방식으로 이야기가 진행되고 있다. B는 나를 이상한 아이라고 이야기하고 주변 친구들은 그저 웃기만 한다. 그래서 망설이던 끝에 엄마에게 해당 사실을 이야기 하자, 엄마는 가해자인 B에게 나를 바라보는 방법을 바꿀 수 있도록 도와주라고 말한다. 학교와 학원에서 괴롭힘과 따돌림은 아동에게 큰 상처를 준다. 이 그림책은 엄마의 말을 빌려 괴롭힘에 대한 문제를 스스로 직접 해결할 수 있도록 조언과 응원을 함으로 괴롭힘 문제 해결을 넘어 친구들과의 관계를 어떻게 하면 긍정적인 방향으로 이끌어 갈 수 있을지에 대해 생각해 보게 한다.

도서 : 우리 집에 늑대가 살아요! / 발레리 퐁텐 글, 나탈리 디옹 그림, 유아가다 옮김 / 두레 / 2020

엄마와 단 둘이 사는 집에 새 아빠가 들어왔다. 새 아빠는 다정했던 처음의 모습과는 달리 점점 늑대와 같은 본색을 드러내며 엄마에게 폭력과 폭언을 쏟아냈다. 하지만 엄마와 둘이서 힘이 센 늑대를 막는 것은 역부족이었다. 주인공 나는 양처럼 조용히 지내며 더 열심히 정리하고 이빨도 열심히 닦았지만, 늑대의 폭력은 더 심해졌다. 이 그림책은 '괜찮아 괜찮아' 시리즈의 열두 번째 이야기로 가정폭력과 아동학대라는 무겁고 민감한 주제를 아이의 시각에서 사실적으로 그리고 있다. 또한 피해자인 엄마와 딸이 고통스러운 현실을 이겨내며 대처하는 모습을 통해 용기와 희망을 갖게 한다. 우울을 겪고 있는 아동 중에서 가정폭력이나 아동학대가 원인이 되기도 한다. 따라서 이 그림책을 통해 가정폭력이나 아동학대 문제를 조심스럽게 다루며, 만약 그런 참여 아동 중에도 그런 상황에 놓여 있을 경우 자신을 도와줄 수 있는 여러 기관이 있다는 점을 알려주고자 선정한 책이다.

3) 관련 활동

① 튼튼 마음 프로젝트
앞선 8세션에서는 참여 아동들이 자신의 강점 자원에 대해 살펴보았고, 9세션에서는 부정적인 신념을 긍정적으로 바꾸어 봤기 때문에, 이번 10세션에서는 행동의 변화를 목표로 삼았다. 따라서 참여자 스스로 규칙적인 운동이나 메모하는 습관 등 자신이 할 수 있는 것들을 생각해 보고, 그것을 실천해 보는 연습을 통해 우울로 인한 소심한 모습, 과잉행동이나 공격성, 또래관계 문제, 성적 저하 등에서 변화된 자신을 경험해 볼 수 있도록 하는데 초점을 두었다.

② 나를 도와줄 수 있어요

폭력은 신체적인 손상을 가져오고, 정신적 · 심리적인 압박을 가하는 물리적인 강제력을 말한다. 최근 가정폭력과 학대로 인한 여러 안타까운 소식이 전해지고 있다. 특히 아동에게 가해지는 학대나 폭력은 씻을 수 없는 신체적 · 정신적인 상처를 남긴다. 하지만 대부분의 아동은 학대나 폭력 상황에 있음에도 그 상황에서 스스로 벗어나기가 어렵다. 이에 나를 도와줄 수 있는 여러 기관에 대한 정보를 알고 있으면 필요 시 힘이 될 수 있을 것이다.

튼튼 마음 프로젝트

일주일간 자신이 실천해 보고 싶은 것을 적어보세요.

빈칸은 자신이 해 보고 싶은 대상(학업, 독서, 운동, 봉사 등)을 적고 할 수 있는 목록을 적어 보세요.

	할 수 있는 것	실천 평가
눈	나 :	
	가정 :	
	학교나 학원 :	
귀	나 :	
	가정 :	
	학교나 학원 :	
입	나 :	
	가정 :	
	학교나 학원 :	
손	나 :	
	가정 :	
	학교나 학원 :	
발	나 :	
	가정 :	
	학교나 학원 :	
가슴	나 :	
	가정 :	
	학교나 학원 :	

11세션

1) 세부목표 : 마음 근육 키우기

이번 세션의 세부목표는 '마음 근육 키우기'로, 나를 지지해주고 응원해 주는 주변의 자원을 탐색하여 필요 시 활용이 가능하다는 믿음을 통해 마음의 근육을 키울 수 있도록 돕는데 있다. 우울을 경험한 참여 아동들은 스스로의 자원이 부족하다고 느끼기 때문에 부정적인 평가를 한다. 하지만 주변을 둘러보면 자신의 부족함을 채워주고 어려움을 이겨낼 수 있도록 도울 수 있는 자원들이 많을 것이다. 따라서 이번 세션에는 참여자들이 가정, 학교, 학원 등 자신을 둘러싼 많은 환경 속의 사람들 중에서 자원이 될 요소를 찾을 수 있도록 해보자. 만약 이 활동을 통해 자원을 충분히 구축할 수 있다면, 향후 생활에 큰 도움이 될 것이다. 이번 세션을 위해 선정한 문학작품은 그림책 『내 마음은』이며 관련 활동은 '함께 만든 행복나무'이다. 선정된 문학작품과 관련 활동에 대한 세부적인 설명은 다음과 같다.

2) 문학작품

도서 : 내 마음은 / 코리나 루켄 글 · 그림, 김세실 옮김 / 나는별 / 2019

작은 마음은 자랄 수 있고, 다친 마음은 나을 수 있으며, 닫힌 마음도 언젠가는 다시 열 수 있다. 기쁨이 가득 찬 순간부터 고요한 시간까지 마음이 우리를 이끌어 줄 것이라는 작가의 말처럼, 이 그림책은 마음이 어떠한 상태에 있는지, 마음 상태를 가만히 관찰하고 비유하고 있다. 하지만 마음을 열고 닫는 것은 바로 자신에게 달려 있다고 말한다. 우울한 마음도 마찬가지로 자신의 생각이 변한다면 달라질 수 있다. 이 그림책은 수시로 바뀌는 마음으로 다시 깊이 상처받지 않을 수 있지만, 그럴 때 마음을 열고 닫는 것은 바로 나에게 달려 있기 때문에 참여 아동들이 자기 주도적으로 내 마음의 상태를 결정할 수 있기를 바라는 마음에 선정했다.

3) 관련 활동

① 함께 만든 행복나무

이 활동은 참여 아동들이 느끼는 감사한 것들, 행복감을 주는 것들을 생각하면서 부정의 뇌를 긍정의 뇌로 변화시켜 회복탄력성을 높이기 위한 것이다. 활동은 위한 준비물과 구체적인 방법은 다음과 같다.

▶ 준비물 : 입체 나무 모형, 과일 모양의 종이, 필기도구, 빵 끈

▶ 활동 방법
- 자신, 가족, 친구, 선생님을 생각할 때 감사한 것, 칭찬할 것들을 생각해 본다.
- 열매 모양의 종이(포스트잇이나 색도화지를 오려 만든 과일 모양)에 생각한 것을 적어 본다.
  참여자들이 감사하거나 칭찬할 대상을 생각하여 원하는 수만큼 과일 모양의 종이를 제공한다.
- 글을 적은 과일 모양을 빵 끈을 이용하여 입체 나무에 달아준다.
- 자신이 적은 것을 참여자들 앞에서 이야기 한다.

이 활동을 통해 참여자가 마음 근육을 키워줄 긍정적인 내적, 외적 자원이 있음을 알고 자신감 있는 나로 거듭날 수 있을 것이라 기대한다. 입체 나무는 나무 그림 도안을 4장 출력한 뒤 오려서 붙여 사용하거나, 목재로 만들어진 나무, 퍼즐 행운나무 만들기 종이공작 입체조형 등 입체감이 있는 나무로 만들 수 있는 것이면 어떤 것이든 가능하다.

1) 세부목표 : 자신감 있는 나, 프로그램 종결

이번 세션은 프로그램을 종결하는 단계로 초기에 선정한 목표의 달성 여부를 점검할 필요가 있다. 따라서 그동안 프로그램에서 다루어진 내용을 다시 한 번 살펴보고, 운영되는 과정에서 나타난 참여자들의 변화에 대한 평가와 목표 달성의 정도를 점검해 보도록 하자. 또한 프로그램의 종결에 대한 참여자들 각자가 느끼는 다양한 정서에 대해서도 다루어질 필요가 있다.

우울감을 해소하고 심리적 회복탄력성을 높이기 위해 본 프로그램에 참여한 아동들에게 마지막 세션은, 자신이 특별한 존재임을 알고, 과거와 현재를 통해 긍정적인 미래를 설계할 수 있는 시간이어야 한다. 따라서 이와 같은 목표 달성을 위해 선정한 문학작품은 그림책 『파랗고 빨갛고 투명한 나』이며, 관련 활동은 '나는 이런 사람이 될래요'와 '참여 소감 나누기'이다. 선정된 문학작품과 관련 활동에 대한 세부적인 설명은 다음과 같다.

2) 문학작품

도서 : 파랗고 빨갛고 투명한 나 / 황성혜 글 · 그림 / 달그림 / 2019

이 그림책은 '나는 누구일까요?'라는 물음으로 시작된다. 처음에는 작은 동그라미에서 시작된 나, 태어날 때는 다른 사람들과 비슷한 모습이었지만 파랑이라는 꿈을 만나고, 열정이라는 빨간색도 만나고, 상상이라는 투명을 만났다. 물론 갈등이라는 머리 아픈 것도 만났지만 그것이 남겨 준 무늬는 근사했다. 그 후 날카롭고 어두운 아픔도 만났지만, 어둠을 이겨낸 후에는 파랗고 빨갛고 투명하고 복잡한 '내'가 되었다.

마지막 세션을 위해 이 그림책을 선택한 이유는 '우울함'이라는 공통의 어려움을 갖고 있는 참여 아동들이, 모두 다 자신만의 특별함이 있음을 기억하길 바라는 마음 때문이었다. 더불어 모든 사람들이 아픔 하나쯤은 가슴에 품고 살아가지만, 자신을 믿고 생각과 행동을 조금씩 바꾸어 나가면 결국 밝은 미래가 펼쳐질 것이라는 점도 알려주고 싶었기 때문이다.

3) 관련 활동

① 나는 이런 사람이 될래요

이 활동은 과거 자신의 모습을 돌아보고, 현재에 대한 변화의 필요성을 인식시키며 미래를 다짐하기 위한 것으로, 참여 아동들의 연령을 고려하여 '학토재'에서 나온 '리멤버 카드'를 응용한 활동을 계획하였다. 리멤버 카드는 "당신은 어떤 사람으로 기억되고 싶은가?"라는 질문을 통해 자신의 미래상을 구체화하기 위한 제작된 것으로, 직업 가치관 탐색을 위한 작업 시 활용되기도 한다. 활동을 위한 준비물과 구체적인 실시 방법은 다음과 같다.

> ▶ 준비물 : 〈관련 활동 12-1〉에 담긴 활동지, 리멤버 카드, 필기도구, 명함지
>
> ▶ 실시 방법
> – 먼저 〈관련 활동 12-1〉의 활동지를 통해 과거의 나, 현재의 나, 미래의 나에 대해 탐색한다.
> – "나는 어떤 사람이 되고 싶은가?"라는 질문의 답을 찾기 위한 리멤버 카드 활동을 한다.
> – 카드를 모두 펼쳐 놓는다.

- 자신이 기억되고 싶은 카드를 3장 고른다.

- 카드를 선택한 이유에 대해 이야기를 나눈다.

- 3장의 카드 중에서 1장의 카드를 선택한 후 이유에 대해 이야기 나눈다.

- 명함지의 한 면에 선택한 카드의 내용을 적는다.

- 자신이 되고 싶은 사람이 되려면 현재 무엇을 실천하면 좋을지 명함지의 뒷면에 적어본다.

② 참여 소감 나누기

'참여 소감 나누기'는 본 프로그램의 마지막 활동으로, 참여 아동들이 총 12세션 동안 참여하면서 느낀 점들을 알아보는데 목적이 있다. 구체적인 활동지는 〈관련 활동 12-2〉에 제시했으며, 세션별 활동 내용들을 떠올려 정리한 뒤 자유롭게 이야기를 나누면 되겠다.

나는 이런 사람이 될래요

1. 과거의 나는 어떤 사람이었나요?

2. 현재의 나는 어떤 사람이라고 생각하나요?

3. 미래의 나는 어떤 사람이기를 바라나요?

4. 나는 어떤 일을 하는 사람이 되고 싶나요?

5. 사람들이 나를 어떤 사람으로 기억해 주길 원하나요?

6. _____ 한 사람이 되기 위해 내가 해야 할 노력은 무엇인가요?

다섯 글자 소감문

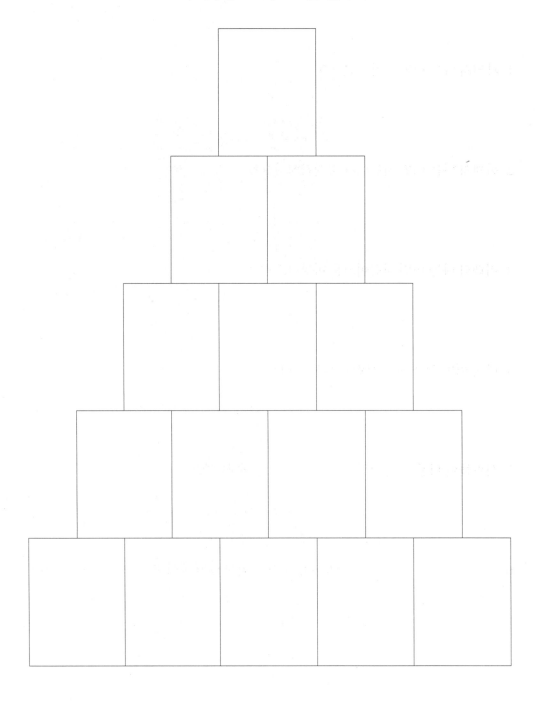

청소년의 우울감 완화를 돕기 위한
독서치료 프로그램
(내 마음속 우산 펴기)

두 번째 우울

청소년의 우울감 완화를 돕기 위한
독서치료 프로그램
(내 마음속 우산 펴기)

1. 프로그램 목표

청소년기는 아동기에서 벗어나 성인기로 향하는 '과도기', 급격한 감정변화와 함께 발달적 혼란을 경험하는 '질풍노도의 시기', 부모처럼 권위자에 대한 반항과 도전을 시도하고 정서적으로 독립을 시도하는 '이유 없는 반항기' 등 다양하게 비유되고 있다. 이와 같은 표현에서처럼 청소년기는 제2차 성장 급등기로 정서적인 불안과 혼란을 경험할 뿐 아니라, 신체적인 변화로 자아상에 대해 극도로 민감해지는 시기이며, 자신이 가지고 있는 지위와 역할에 대해 끊임없이 고민하는 시기이다. 더불어 그들에게는 친구 관계, 학교 성적, 진로에 대한 고민, 이성 관계 등 다양한 정서 행동 문제가 흔히 발생할 수 있기 때문에, 많은 변화와 고통을 감내해야 하는 시기이기도 하다. 뿐만 아니라 청소년기는 사회적 상황에 대한 이해력이 향상되어 자신의 정서적 감정에 대한 자각과 함께 타인의 감정도 지각하는 능력이 성숙되어 가는 중요한 시기이기도 하다. 따라서 이러한 정서적 발달은 자신에 대한 성찰로 이어지겠지만, 스스로에 대한 반추적 생각과 부정적 평가가 유발되어 우울한 정서를 경험하게 될 확률도 높아지게 된다.

실제 우리나라 청소년들이 우울감을 경험하는 비율을 보면 그들의 정신건강이 매우 위협을 받고 있음을 알 수 있다. 질병관리청에서 실시한 청소년건강행태 온라인조사 결과[48]에 따르면 최근 12개월 동안 2주 내내 일상생활을 중단할 정도로 슬프거나 절망감을 느낀 적이 있는 여학생은 34.6%, 남학생은 22.2%로, 그 심각성이 매우 높음을 알 수 있다.

청소년들은 일반적인 우울 증상과 다른 양상을 보인다. 대부분의 사람들은 우울한 상태에 빠지면 우울하고 슬픈 감정, 좌절감, 무력감, 의기소침, 소외감 등의 심리적 고통을 지속적으로 경험한다. 이러한 감정이 오래되면 개인의 능력과 의욕의 저하로 현실적 적응을 어렵게 만드는 주요 원인이기도 하다. 그러나 이와 달리 청소년기 우울은 가까운 지인에 대한 짜증, 학업에 대한 흥미 저하, 자신감 저하, 자포자기의 사고방식, 음주, 약물중독, 가출, 성적 문란 등의 행동으로 위장되어 나타난다고 하여 '가면 우울(masked depression)'이라고 한다.[49] 특히 청소년기는 정신적으로 성숙되지 않아 자극에 대한 충동성은 높지만 이를 효과적으로 제어할 수 있는 통제력이 미흡하기에 공격적 행동이 외현화 되는 현상이 나타날 수 있다.

---

48) 질병관리청 청소년건강행태조사 홈페이지. http://www.kdca.go.kr/yhs/home.jsp?id=m03_01

49) 송지선. 2016. 『미술치료학 석사학위과정 실습생의 우울증 진단을 받은 청소년 미술치료 현장실습 체험연구』. 석사학위논문. 서울여자대학교 특수치료전문대학원. p. 12.

이처럼 청소년기 우울은 우울감에 대한 증상 자체가 명확하지 않은 채, 과민한 기분이나 과잉 행동, 신체 증상을 호소하는 것으로 우울감을 위장하는 경우가 많기 때문에 발견하기가 어렵다. 왜냐하면 이렇게 위장되어 나타나는 우울인 경우 외관상으로 보기에 일반적인 사춘기의 발달적 특성으로 오해할 수 있기 때문이다. 따라서 우울 증상이 있어도 부모나 가까운 지인조차 무심히 여겨 그냥 지나치는 경우도 많다. 그런데 이처럼 우울 문제가 방치될 경우 비행, 자살이나 자해, 중독 등의 문제로 이어질 수 있으며, 가족 관계, 또래 관계 등 다양한 대인 관계 영역에서 역기능적인 모습을 나타낼 수 있다. 또한 무엇보다 청소년기에 나타나는 우울 증상은 성인기에 재발될 가능성이 높고, 일생을 통해 신체 및 정신 건강에 수많은 만성적 문제를 야기할 수 있으므로 적정 시기에 개입과 치료가 중요하다. 하지만 청소년들이 우울 문제가 있음을 알고 있더라도 이들이 자발적인 동기를 갖고 치료 장면까지 나오는 경우는 매우 드물다. 따라서 청소년기에 발생하는 우울을 잘 이해하는 것이 중요하고, 조기에 증상에 대한 민감한 관심을 가져 적절한 상담 및 치료가 적절한 시기에 적극적으로 개입될 수 있도록 노력하는 것이 중요하다고 할 수 있을 것이다.

이에 우울감으로 힘들었던 적이 있는, 그리고 지금 현재 도움이 필요한 청소년을 대상으로 실시할 본 프로그램에서 달성하고자 하는 목표는 다음과 같다.

첫째, 생각이 정서와 행동과 어떻게 관련되는지 자기-모니터링하며 일상생활 속에서 자기인식 능력을 향상시킨다.

둘째, 역기능적 사고를 현실적이고 적응적인 생각으로 바꾸고 긍정 정서에 대한 민감성을 향상시켜 심리적 안정감을 유지시킬 수 있도록 도움을 준다.

셋째, 보호요인의 유지 강화와 위험요인의 감소로 변화계획을 발전시키고 강점자원을 활용하여 일상생활 속 건강한 적응을 돕는다.

2. 프로그램 구성

본 프로그램은 우울감으로 힘들었던 적이 있는, 그리고 지금 우울감을 경험하고 있어 도움이 필요한 청소년을 대상으로 우울감을 완화하는데 목표를 두고 있다. 프로그램은 총 12세션으로 구성을 했으며 세션당 시간은 90분, 참여자는 10명 내외로 설정하였다.

구체적인 세션의 진행 과정은 다음과 같다. 먼저 첫 번째 세션에서는 내담자들이 현재 경험하는 우울 정도를 알아보고 선별 작업을 하기 위해 사전검사(벡의 우울 척도-BDI)를 실시한다. 그리고 프로그램에 대한 기대와 참여자들이 집단 내에서 안정감을 형성할 수 있도록 돕고자 한다. 두 번째 및 세 번째 세션에는 과거의 나와 현재의 나를 돌아보는 활동을 통해 자신을 이해하고 통합적 관점에서 자신을 수용하는 세션을 가질 것이다. 이어서 다섯 번째부터 아홉 번째 세션까지는 우울한 정서를 완화하기 위해 실제적인 개입을 하는 세션으로 네 가지 영역(생각, 마음, 행동, 관계)으로 나눠 문학작품과 관련 활동을 구성하였다. 다음으로 여덟 번째 및 아홉 번째 세션에서는 자신의 주변 자원에서 심리적 안전지대를 모색해보고 일상생활 속에서 심리적 안정감을 유지해 보는 경험을 확대할 것이다. 마지막으로 한걸음 더 나아가 변화된 자신을 확인하면서 강점 자원을 강화시켜 주고, 집단 프로그램에 대한 성과를 나누며 긴 시간 깊이 있는 만남을 지속해 온 참여자들과 종결에 대한 다양한 마음을 나누며 정리하는 시간을 가질 것이다.

본 프로그램의 특징은 다음과 같다. 먼저 자기-모니터링지를 통해 자신의 생각과 정서, 행동을 관찰하고 경험되고 있는 일상을 스스로 인식하고 점검하고, 다음 주 행동을 계획하며 조절하는 활동을 하는 것이다. 이 활동의 목적은 참여자들이 그동안 들여다보지 않았던 자신의 일상을 점검하며 매순간 무슨 일이 일어나고 있는지 스스로 알고, 관심을 가져보는 것이다. 그리고 선정된 문학작품을 읽고 발문과 활동지 작업을 할 때 중요성 척도, 결정 저울, 극단적 질문하기, 과거 회상하기, 예외 상황 탐색하기 등을 넣어 변화 동기를 강화시키고 변화 자원들을 불러내는데 주안점을 두었다. 마지막으로 우울을 경험하고 있는 청소년들은 흔히 낮은 에너지, 활동에 대한 즐거움 감소로 이어질 수 있으므로, 다양한 게임을 활용하여 프로그램에 대한 흥미와 집단의 응집력을 높이고 긍정 정서 경험의 기회를 제공하는 데에도 중점을 두었다.

특히 본 프로그램은 병리적 상태의 심한 우울 증상보다는 삶을 살아가면서 누구나 한번쯤은 경험할 수 있는 보편적 정서인 우울감을 염두에 두고 설계하였음을 밝힌다. 그렇기에 프로그램 참여자에 대해 사전검사를 실시해 프로그램 목적에 맞게 참여자를 선별하는 작업이 반드시 필요하다. 본 프로그램의 세부 계획은 다음의 〈표 2〉와 같다.

<표 2> 청소년의 우울감 완화를 돕기 위한 독서치료 프로그램

세션	세부목표	문학작품	관련 활동
1	시작과 만남	도서 : 누구에게나 우울한 날은 있다	- 오리엔테이션/우리들의 약속 - 사전 검사(벡의 우울 척도-BDI) - 별칭 짓기(딕싯카드 활용) -【게임】소개로 이어가기
2	기억 속으로 (나의 옛날이야기)	도서 : 어떡하지?	-【게임】소통 게임 - 9분할 통합 회화법 - 의미 있는 타인 소개
3	나 지금 이래 (나의 현재이야기)	시 : 나는 오늘	- 모방 시 쓰기 - 내 마음 분리수거[쓰레기통]
4	우리 지금 여기에	도서 : 흰 고양이 검은 고양이	-【게임】텔레게임 - 내가 보는 나/남이 보는 나
5	우울 상담소[생각]	도서 : 너의 마음은 하늘과 같아	- 자기 모니터링(감정카드 활용) - 사고 기록지
6	우울 상담소[마음]	도서 : 42가지 마음의 색깔	- 자기 모니터링지 - 감정 인식과 표현(감정 온도계) - 슬라임 만들기
7	우울 상담소[행동]	도서 : 이제 그만 일어나, 월터!	- 자기 모니터링지 - 나의 일상(6분할 기법)
8	우울 상담소[관계]	도서 : 곰씨의 의자	- 자기 모니터링지 - 소시오그램
9	여기가 안전지대 [안정감 회복]	도서 : 구덩이	- 자기 모니터링지 - 심리적 안전 스케줄
10	달라진 하루 [안정감 유지]	도서 : 살아있다는 건	- 자기 모니터링지 - 마술 종이
11	나를 up!	영상 : 내 인생의 '벽'이 있다면, 지금 당장 해야 할 일 노래 : 시작	- 기적 그림 그리기(4컷 만화)
12	어울림	도서 : 아름다운 실수	- 롤링페이퍼(다함께 자화상) - 열쇠고리 나누어 주기 - 참여 소감 나누기/사후 검사

1세션

1) 세부 목표 : 시작과 만남

본 프로그램에 참여하는 것뿐만 아니라 많은 상황에서 첫 만남이 주는 의미는 각별하다. 특히 청소년의 경우에 자발적인 동기를 갖고 상담이나 치료 장면에 나오는 경우는 매우 드물기 때문에 치료사는 첫 만남에 더욱 공을 들여야 한다. 프로그램이 운영될 장소에 들어와 어색한 표정으로 앉아 있는 참여자들에게 치료사는 가벼운 눈인사나 호감 있는 말을 하며 참여자들과 심리적 거리를 좁혀나가고, 민감하게 집단 역동을 관찰하여 집단 구성원 한 사람 한 사람에 대한 이해의 폭을 넓혀나가는 것이 중요하다. 특히 첫 세션은 대인 관계에서 나타날 수 있는 특징적인 모습들을 드러낼 수 있으므로 첫 만남에서부터 참여자에 대한 세심한 관찰은 중요하다. 왜냐하면 이를 통해 참여자 개개인에게 적절하고 효과적인 도움을 줄 수 있어 향후 프로그램 성과에도 많은 영향을 줄 수 있기 때문이다.

첫 세션의 목표는 집단 프로그램에서의 첫 만남이 어색하고 불편하겠지만 조금씩 개개인의 속도로 안정감을 회복하고 마음을 열어가며 친해지는 것이다. 선정한 문학 작품 및 관련 활동에 대한 세부적인 설명은 다음과 같다.

2) 문학 작품

도서 : 누구에게나 우울한 날은 있다 / 브래들리 트레버 그리브 지음, 신현림 옮김 /
　　　 바다출판사 / 2020

91개의 사진과 간결한 글귀로 구성된 책으로, 누구에게나 있을 우울한 날에 읽으면 기분이 좋아질 수 있는 명상집이다. 비록 동물이지만 너무나 인간적인 얼굴 표정과 몸짓을 보면 다소 무거운 정서인 우울이 그리 무겁게 느껴지지만은 않는다. 따라서 우울한 마음을 힘겹고 무겁지 않게 덤덤하고 미소 지으며 바라볼 수 있도록 도움을 주는 책이기에 첫 세션의 도서로 선정하였다.

　우울함은 모든 인간이 보편적으로 가지고 있는 감정이다. 따라서 참여자들에게 자신이 느끼는 실패감이나 상실감이 혼자만의 감정이 아니고, 누구에게나 우울한 날이 있다는 생각을 가질 수 있도록 하는 것은 심리적 안정감을 줄 것이다. 또한 집단에 참여한 참여자들이 서로의 공통분모를 확인함으로써 유사성을 인식하게 되어 집단원들로부터 수용 받는 느낌을 갖게 만들어 집단의 응집력과 소속감도 높여줄 것이다.

3) 관련 활동

① 프로그램 소개와 우리들의 약속
　본 프로그램은 집단의 형태로 운영되기에 집단이 효율적으로 진행되기 위해서는 프로그램이 시작되는 시점에 프로그램에 대한 안내와 더불어 집단에 필요한 기본적인 규칙 등 적절한 구조화 작업이 필요하다. 집단에 필요한 규칙은 대상에 따라 다소 다르지만 청소년인 경우 시간 엄수, 진솔한 자기 개방, 비밀 유지, 경청과 바른말 사용 등을 필히 포함시킬 필요가 있다.

② 사전 검사 실시
　사전 검사(벡의 우울 척도-BDI)는 우울증을 측정하기 위해 개발된 자기보고식 척도이다. 2주 동안 자신의 기분을 잘 기술하는 정도에 따라 0-3점까지 채점하는 방식이며, 정서적, 인지적, 동기적, 생리적 우울 증상을 측정하기 위한 21개의 문항으로 구성되었다. 점수별 상태는 0-9점 : 우울하지 않은 상태, 10-15점 : 가벼운 우울 상태,

16-23점 : 중한 우울 상태, 24-63점 : 심각한 우울 상태이다.

본 프로그램은 병리적 상태의 심한 우울 증상보다는 삶을 살아가면서 누구나 한번쯤은 경험할 수 있는 보편적 정서인 우울감을 느끼는 청소년을 대상으로 한다. 따라서 16점 이상 나온 참여자들에게는 보다 적극적이고 현실적인 도움이 필요하기에, 치료사가 사려 깊은 태도로 개인 상담이나 치료적 지원을 권유하는 것이 나을 것이다.

③ 별칭 짓기(딕싯 카드 활용)

프로그램에서 매체의 사용은 참여자의 저항을 감소시키고 불안을 완화시켜 편안하게 자신과 만나는 도구로 활용된다. 첫 만남이라 긴장되고 부담스런 참여자들에게 이미지 카드인 딕싯 카드를 활용하여 자신의 모습을 인식하고 인식을 바탕으로 별칭도 지으며 조금씩 자신을 자유롭게 개방하는 시간을 갖는다. 딕싯 카드를 활용한 별칭 짓기 활동의 방법은 다음과 같다.

아래 질문에 대해 마음에 와 닿는 카드를 세 장 고른 후 이런 나를 한마디로 정의해서 별칭을 만들고 발표해 본다. 활동 자료의 예시는 〈활동 예시 1-1〉에 있다.

가. 과거 - 나는 OOO이었다 / 그때 내 기분은
나. 현재 - 나는 OOO이다 / 지금 내 기분은
다. 본 프로그램 참여를 통해 기대하는 점은?
라. 이런 나를 한마디로 말한다면?

④ 【게임】- 소개로 이어가기

프로그램을 시작하며 치료사와 주변 참여자들과 눈 맞춤(Eye contact)을 시도하고 서로에 대한 민감성을 향상시켜 집단의 응집력과 친밀감을 쌓는 활동이다. 게임 진행방법은 다음과 같다.

가. 치료사는 먼저 자신의 별칭과 함께 싫어하는 것, 좋아하는 것을 말한 후, 옆에 앉은 참여자의 별칭을 부르며 초대한다.

나. 치료사 옆에 앉은 친구는 "000을 싫어하고 000을 좋아하는 000님(치료사 별칭)의 옆에 앉은 000(자신의 별칭)입니다. 저는 000을 싫어하고 000을 좋아합니다. 000(옆에 참여자의 별칭)을 초대합니다.

다. 초대받은 참여자는 초대한 참여자를 먼저 소개한 후 자신을 소개한다.

라. 위의 순서를 참여자 소개가 모두 마칠 때까지 반복한다.

2세션

1) 세부 목표 : 기억 속으로(나의 옛날이야기)

　이번 세션은 참여 청소년들이 그동안 살아오면서 내가 좋아하고 사랑했던 것, 혹은 나를 슬프게 하거나 걱정되었던 것, 추억의 장면 등 내가 경험하고 느꼈던 것들에 의미를 부여하는 시간이 될 것이다. 치료사는 참여자에게 과거 회상의 기회를 제공하여 그동안 자신이 걸어왔던 길을 새롭게 되돌아보고, 그 속에서 만났던 의미 있는 타인을 소개하며 자신의 인생 스토리를 재구성하는데 도움을 줄 것이다. 따라서 청소년들은 자신의 인생 이야기를 재구성하며 기존에 인식하지 못했던 사건이나 느낌, 사고나 행동들에 대해 현재의 시선으로 바라봄으로써 자기 인식과 정서 표현 능력을 향상시킬 수 있을 것이다. 또한 선정된 문학작품과 관련 활동을 통해 참여자들이 스스로의 삶을 돌아볼 뿐만 아니라, 치료사에게는 집단 구성원의 개인적 특성과 발달적 특성을 파악할 수 있을 것이므로, 집단 치료 프로그램이지만 개인의 핵심 신념이나 미해결된 과제를 중심으로 심리적 지원을 적절히 할 수 있는 방안을 모색할 수 있을 것이다.

2) 문학 작품

도서 : 어떡하지? / 앤서니 브라운 글 · 그림, 홍연미 옮김 / 웅진주니어 / 2013

　누구나 갖고 있는 어린 시절에 대한 추억 중에서 '처음'에 대한 마음을 섬세한 글과 그림으로 표현한 책이다. 주인공 조는 친구의 생일 파티에 처음 초대받았지만 새롭게 만날 친구들과 환경 때문에 얼굴에 두려움이 가득하다. 하지만 조는 막상 경험을 하고 나니 걱정했던 것보다 괜찮은 결과를 얻어 두려웠던 표정도 밝고 자신감 있는 표정으로 바뀐다.

이 책은 어린 시절 누구나 경험했던 첫 경험에 대한 두렵고 불안한 마음을 사실적으로 표현해주고 있다. 특히 주인공 조의 얼굴 표정을 따라가며 자연스럽게 자신의 어린 시절과도 만날 수 있게 해주기 때문에, 참여 청소년들도 주인공과 동일시하며 자신의 과거도 저항 없이 회상할 수 있을 것이다.

3) 관련 활동

① 【게임】- 소통 게임

서로 다른 색깔의 주사위 두 개를 던져 나온 숫자를 사용하여 미션을 수행한다. 아직은 어색한 참여자들에게 신체적 심리적 긴장도를 떨어뜨리고 친밀감을 형성하며 자신을 개방하는 게임이다. 게임에 사용하는 활동 자료는 〈관련 활동 2-1〉에 제시했다. 집단원의 나이와 특성에 따라 발문 내용을 바꿔 사용하면 좋을 것이다.

② 9분할 통합 회화법(나의 옛날이야기)

A4용지를 9개 영역으로 구분하여 해당 칸에 자유연상 기법을 활용해서 표현하는 활동이다.

'나의 옛날이야기'를 주제로 자유롭게 그림을 그린다. 그림을 잘 못 그리는 참여자들은 글자, 문자, 도형, 기호 등으로도 표현이 가능하다. 순서는 1번부터 9번까지 시계 방향으로 그려 나간다. 그림 그리기가 끝나면 다음과 같은 발문을 통해 탐색을 하면 되는데, 특히 1번과 9번 그림이 각 청소년들에게 중요한 심리적 반응임을 염두에 둘 필요가 있다. 본 활동을 위한 구체적 활동 자료 예시는 〈활동 예시 2-1〉에 담겨 있다.

[치료사 발문]

- 전체 그림을 보면 어떤 주제가 생각납니까?
- 그림을 그리면서 어떤 감정을 느꼈나요?

③ 의미 있는 타인 소개

'나의 옛날이야기' 활동지를 작성한 뒤 살아오면서 그동안 자신에게 긍정적으로 혹은 부정적으로 영향을 끼쳤던 의미 있는 타인에 대해 소개한다. 그리고 그로인해 현재까지도 내가 받고 있는 영향이 있는지, 있다면 어떤 부분에서 얼마만큼의 영향인지, 나는 그 영향에 대해 어떻게 생각하는지 등을 탐색하며 이야기 나눈다.

소통 게임 주사위 판

	1	2	3	4	5	6
1	좋아하는 색과 그 이유는	주말에 하고 싶은 것이 있다면?	내가 가장 좋아하는 사람은, 왜냐하면?	♥ 선물을 드립니다. ♥	나에게 학교란 0000이다. 왜냐하면?	왼쪽 친구와 인사하기
2	왼쪽 친구와 인사하기	내가 싫어하는 친구 유형은?	만일 내가 지금 나이보다 10살 위라면?	요즘 가장 행복했던 경험은?	주말에 하고 싶은 것이 있다면?	오른쪽 친구와 하이파이브~
3	내가 좋은 사람이라고 생각하는 2가지 이유는?	내가 제일 걱정하는 것은?	만일 내가 지금 나이보다 10살 어렸다면?	내가 좋아하는 연예인은?	하루 중 가장 행복한 시간은?	♥ 선물을 드립니다. ♥
4	♥ 선물을 드립니다. ♥	내가 좋아하는 친구 유형은?	하루 중 가장 싫어하는 시간은?	♥ 선물을 드립니다. ♥	나에게 학교란 0000이다. 왜냐하면?	나에게 가족이란 0000이다. 왜냐하면?
5	나에게 가족이란 0000이다. 왜냐하면?	직접 만들 수 있는 가장 자신 있는 요리는?	♥ 선물을 드립니다. ♥	내가 동물로 변할 수 있다면 000 이다. 왜냐하면?	내가 좋아하는 게임이나 유튜버 소개하기	직접 만들 수 있는 가장 자신 있는 요리는?
6	내가 좋아하는 게임이나 유튜버 소개하기	내가 동물로 변할 수 있다면 000 이다. 왜냐하면?	♥ 선물을 드립니다. ♥	내가 좋아하는 게임이나 유튜버 소개하기	내가 좋은 사람이라고 생각하는 2가지 이유는?	오른쪽 친구와 하이파이브~

9분할 통합 회화법

〈나의 옛날이야기〉

3세션

1) 세부 목표 : 나 지금 이래(나의 현재이야기)

3세션은 참여자들이 요즘 하루하루를 살아가면서 느끼는 감정과 미해결된 욕구를 파악하는 시간이다. 따라서 모방시를 통해 일상 속 자신의 모습에 천천히 머물러 생각해보고 수용해야 할 부분, 적극적으로 활용해야 할 부분을 정리해보며 현재의 나를 알아차릴 수 있도록 돕는 작업이 필요하다.

2) 문학 작품

시 : 나는 오늘 – 시집 '마음의 일' 中 / 재수 · 오은 그림 시집 / 창비교육 / 2020

하루하루를 살아가는 나의 마음과 생각들이 모여 결국 삶으로 연결된다. 프로그램에 참여하는 청소년들은 요즘 하루를 어떻게 살아가고 있는지 자신의 일상 속 모습을 거울로 바라보듯 관찰해 보기 위한 시간을 갖고자 선택한 시집과 시 작품으로, 바쁜 일상을 잠시 내려놓고 조용히 자신에게 머무르며 나는 오늘 어떤 감정이 드는지, 감정을 통해 자신이 진정으로 원하는 건 무엇인지, 오늘의 나를 다양한 사물에 빗대어 들여다보도록 해보자.

3) 관련 활동

① 모방 시 쓰기

모방 시는 작가가 쓴 시를 내 상황에 맞게 모방해서 다시 써보는 활동이다. 자유롭게 모방시를 써본 뒤 내일은 나에게 어떤 하루가 될지 생각해보고 기대되는 바가 있으면 이야기 나누는 시간을 가져도 좋을 것이다. 시는 〈문학작품 3-1〉에 전문을 옮겨 실었다.

② 내 마음 분리수거 [쓰레기통]

자신의 단점을 수용하고 한계를 아는 것과 강점 자원을 확인하고 적극적으로 활용하는 것은 중요하다. '내 마음의 분리수거' 활동은 자신의 현재 상황에서 변화시킬 수 있는 것과 변화 시킬 수 없는 것에 대한 자세를 갖기 위해 자신의 현 상황을 정리해보는 시간이다. 주의해야할 점은 치료사는 변화를 강요하지 않고 수용하고 지지적인 태도로 안정감을 주는 게 중요하다는 것이다. 활동을 위한 자료는 〈관련 활동 3-2〉에 있다.

나는 오늘

- 재수 · 오은 -

나는 오늘 토마토
앞으로 걸어도 나
뒤로 걸어도 나
꽉 차 있었다

나는 오늘 나무
햇빛이 내 위로 쏟아졌다
바람에 몸을 맡기고 있었다
위로 옆으로
사방으로 자라고 있었다

나는 오늘 유리
금이 간 채로 울었다
거짓말처럼 눈물이 고였다
진짜 같은 얼룩이 생겼다

나는 오늘 구름
시시각각 표정을 바꿀 수 있었다
내 기분에 취해 떠다닐 수 있었다

나는 오늘 종이
무엇을 써야 할지 종잡을 수 없었다
텅 빈 상태로 가만히 있었다
사각사각
나를 쓰다듬어 줄 사람이 절실했다

나는 오늘 일요일
내일이 오지 않기를 바랐다

나는 오늘 그림자
내가 나를 끈질기게 따라다녔다
잘못한 일들이 끊임없이 떠올랐다

나는 오늘 공기
네 옆을 맴돌고 있었다
아무도 모르게
너를 살아 있게 해 주고 싶었다

나는 오늘 토마토
네 앞에서 온몸이 그만 붉게 물들고 말았다

『마음의 일 / 재수 · 오은 그림 시집 / 창비교육 / 2020』

내 마음속 [쓰레기통]

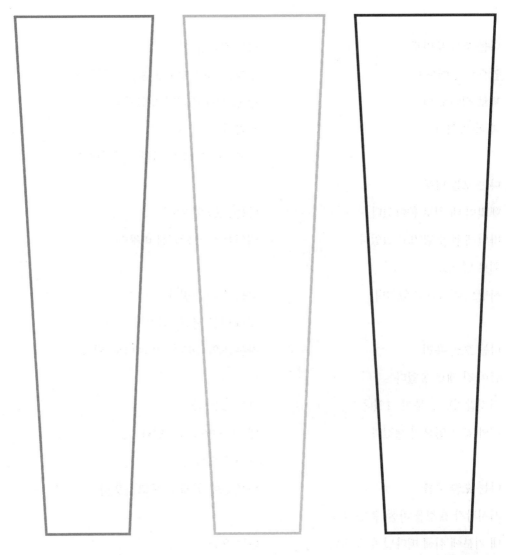

① 버리고 싶은 내 인생의 짐
② 없애고 싶은 나의 약점
③ 소거하고 싶은 나의 실수

① 어렵지만 받아들여야 할 것
② 조금은 고쳐서 쓰고 싶은 것

① 소중히 간직해야 할 것
② 앞으로 더 자주 활용해야 할 것

4세션

1) 세부 목표 : 우리 지금 여기에

참여자들이 서로의 성격적 특성과 장점을 찾아주는 활동을 하며 다른 사람들에게 자신이 어떻게 보이는지 살펴보고, 스스로도 자신의 성격적 특성과 장점을 찾아본 후 자신과 타인의 관점에서 비교해 보는 세션이다. 이 활동은 자신을 통합적 관점으로 볼 수 있도록 도움을 주어 객관적 자기이해를 도울 수 있을 것이다.

2) 문학 작품

도서 : 흰 고양이 검은 고양이 / 기쿠치 치키 글 · 그림, 김난주 옮김 / 시공주니어 / 2017

두 고양이는 언제나 함께 다닌다. 흰 고양이는 늘 관심과 칭송을 받지만 검은 고양이는 관심 밖이다. 검은 고양이는 의기소침해지고 초라함을 느끼며 점점 혼자가 된다. 하지만 검은 고양이는 자신의 까만 털이 그 무엇에도 물들지 않는 독특하고 자신만의 아름다움이라는 것을 흰 고양이를 통해 알게 된다. 둘은 다르기 때문에 아름다운 동행을 계속하게 된다. 나를 가장 나답게 만드는 것은 개인의 성찰일수도 있지만 어떠한 조건도 없이 있는 그대로의 나를 존중해 주고 바라보는 '너'일 수도 있다. 따라서 함께 프로그램에 참여하고 있는 다른 참여자들과의 관계 속에서 진정한 나다움에 조금 더 다가가는 시간이 되었으면 하는 마음으로 선정한 책이다.

3) 관련 활동

① 【게임】- 텔레게임

게임은 프로그램이 운영되고 있는 장소 상황에 따라 두 가지 중 하나를 선택하여 사용할 수 있다. 만약 공간이 넓어서 참여 청소년들이 일어나 몸을 움직이며 게임을 할 수 있는 경우라면, 아래 질문에 해당하는 사람의 어깨에 손을 얹도록 한다. 반면 앉아서 게임을 할 수밖에 없는 상황이라면 개별적으로 받은 포스트잇에 질문에 해당하는 사람의 별칭을 적는 것으로 대신한다. 질문에 따라 각각 선택을 했으면 그 이유를 들어보고, 선택된 청소년에게도 느낌이 어떤지 물어본다. 이 게임은 결국 선택과 대답을 통해 상호작용을 촉진함과 동시에 다른 사람의 관점에서 자신의 특성에 대한 이해를 돕기 위한 것이다.

[게임 질문]

- 내가 엄청 황당한 실수를 했다면, 이 가운데 누구에게 털어놓고 싶은가요?
- 만약 도둑질을 한다면 누구랑 함께 하고 싶은가요?
- 자신의 심장과 가장 비슷한 심장을 가졌을 것 같은 사람은 누구인가요?
- 시험 기간인데 엄마 몰래 PC 방이나 노래방에 가려고 합니다. 같이 가고 싶은 사람은 누구인가요?

② 내가 보는 나 / 남이 보는 나 - [조하리의 창]

조하리의 창은 대인 관계에 있어서 자신이 보는 나와 다른 사람이 보는 나에 대해 파악할 수 있도록 도움을 주는 심리학 이론이다. 열린 창, 보이지 않는 창, 숨겨진 창, 미지의 창 등 총 4개의 창(영역)으로 이루어져 있으며, 어떤 영역이 넓은지에 따라 자신의 대인 관계 패턴을 알 수 있다.

활동은 〈관련 활동 4-1〉에 제시한 활동지를 작성한 후 내가 보는 나와 남이 보는 나의 차이점과 공통점은 무엇인지, 어느 영역이 넓은지, 자신의 대인 관계 패턴이 마음에 드는지 등에 대해 참여자들과 이야기를 나누며, 통합적 관점으로 자기 자신을 이해해 보도록 도우면 된다.

'조하리의 창' 활동지의 작성 순서는 다음과 같다.

- 형용사 중에서 각 창에 해당하는 자신의 특성을 적어 포스트잇에 적는다.
- 참여자들은 음악을 들으며 그동안 프로그램을 함께 하며 관찰한 다른 참여자들의 모습을 포스트잇에 2개씩 적어 별칭 옆에 붙여준다.
- 참여자들이 찾아준 특성을 가지고 〈조하리의 창〉을 완성한 후 이야기 나누기

조하리의 창

	자신은 안다	자신은 모른다
타인은 안다	열린 창(Open Window)	보이지 않는 창(Blind Window)
타인은 모른다	숨겨진 창(Hidden Window)	미지의 창(Unknown Window)

5세션

1) 세부 목표 : 우울 상담소 [생각]

5세션부터 9세션까지는 참여자들의 생각, 마음, 행동, 관계의 네 영역에서 우울감을 완화시키기 위해 실제적인 개입을 할 텐데, 그 첫 번째 시간은 '생각'의 영역이다.

우리는 매순간 생각을 하고 그에 따라 행동을 한다. 상황에 따라 다르겠지만 어떤 상황이 오면 심사숙고하거나 합리적으로 판단하지 못한 채 즉각적으로 떠오는 생각에 의해 불쾌한 감정이 먼저 유발되기도 한다. 대부분의 사람들은 어린 시절 경험에 의해 형성된 인지구조에 따라 특정 자극에 선택적으로 주의를 기울여 민감하게 반응하게 되는데, 이것은 비교적 안정적인 인지 패턴으로 작용한다.

이번 세션에서는 번잡스런 생각들로 인해 유리잔에 담긴 흙탕물같이 혼란스런 자신의 감정을, 판단과 비난 없이 들여다보고 자신에게 친절하고 수용적인 태도로 바라보는 것을 깨닫게 될 것이다. 더불어 불쾌한 감정을 느끼게 되는 사건과 관련된 사고 내용을 관찰하여 현실적이면서 적응적인 사고능력을 향상시키기 위한 연습을 할 것이다.

2) 문학 작품

도서 : 너의 마음은 하늘과 같아 / 브론웬 발라드 글, 로라 칼린 그림, 이재석 옮김 /
　　　 뜨인돌어린이 / 2019

우리 마음은 구름과 같아 잠시도 가만히 있지 않는다. 따라서 고통스러운 생각도,

생각으로 인해 생긴 부정적인 감정도 하늘에 구름에 왔다 갔다 하듯이 지나가면서 긍정적으로 바뀐다. 다만 비구름이 몰려왔을 때 아무 일도 없는 척 억압하고 부인하며 타인 앞에서 자신의 마음과는 다른 태도를 보이게 되면, 마음속 비구름은 종잡을 수 없이 커지게 될 것이다. 대신 생각은 맞서 싸우거나 피하려 하지 말고 그냥 알아주고 수용해 주는 태도로 바라봐주면 어느 순간 사라진다는 것을 깨닫게 될 것이다. 이 책은 마음 챙김을 토대로 근심과 걱정은 그저 나의 생각에 불과함을 알아차릴 수 있게 도와준다.

3) 관련 활동

① 자기-모니터링(감정 카드 활용)

자신이 경험하고 있는 일상을 스스로 인식하고 점검함으로써 역기능적이었던 생각을 다른 관점에서 생각해 보고, 다음 세션에서 이어질 행동을 능동적으로 계획해 보는 활동이다. 일주일 동안 생활하면서 좋았던 점이나 칭찬하고 싶은 것, 아쉬운 점이나 후회되는 상황에 맞게 감정 카드를 고른 후 관련 내용에 대해 이야기를 나눈다. 발표를 마치고 나면 다음 주에 중요하게 초점을 두어 생활하고 싶은 부분이 있는지에 대해서도 구체적으로 이야기를 나누어 보자.

② 사고 기록지

'사고 기록지'는 감정을 느꼈던 근거에 대해 찾아보고 타당성을 따져보며 보다 현실적이고 적응적인 생각으로 전환하도록 안내해 주는 활동이다. 감정은 생각에 의해 영향을 많이 받는데 우리의 생각은 자신의 누적된 경험으로 인해 인지적 오류를 범하는 경우가 많다. 따라서 본 활동은 생각으로 인해 번잡한 마음이 들 때 감정의 근원을 찾아보고 더 이상 불쾌한 감정에 압도당하지 않도록 도움을 줄 것이다. 활동지는 〈관련 활동 5-1〉에 있다.

사고 기록지

날짜	년 월 일(요일)		이름	
상황				
감정	[예시] 1. 샘이 난다. – 60% 2. 짜증이 난다. – 15% 3. 화가 난다. – 15% 4. 섭섭하다. – 10%		신체적 증상	[예시] 눈에 힘이 풀리고 어깨가 축 늘어지 며 온 몸이 땅 밑으로 꺼지는 듯하다.
떠오르는 생각	[예시] – 세상이 왜 이리 불공평하지? – 나는 원래 운이 없어, 쉽게 되는 게 하나도 없어!			
적응적 반응	근거 찾기	맞는 증거 – 아닌 증거 –		
	최악의 상황			
	현실적 적응적 사고			
감정 재평가	[예시] 화가 나고 섭섭하고 짜증나는 감정은 사라졌다. 하지만 샘이 나는 감정은 20%정도 계속 남아 있다.			

6세션

1) 세부 목표 : 우울 상담소 [마음]

정서를 표현함으로써 공유하게 되고, 사회적 상호작용이 이루어지면, 그 과정에서 자기개념이 확고해질 뿐만 아니라 어려움이 닥쳤을 때 타인으로부터 도움을 받아 효율적으로 대처할 수 있게 된다.[50]

청소년들은 본 세션을 위해 선택한 다양한 마음을 우리의 상황에 적용시켜 설명해 주는 문학작품과 관련 활동을 통해 자신의 마음을 여행하며 자신의 감정과 저항 없이 만나게 될 것이다. 정서적 개입이 중요한 이번 세션에서 치료사의 역할 중 초점을 두어야 할 것은 참여자들이 공감과 지지를 받고 있다는 정서를 경험하게 하는 것이다. 치료사의 무비판적이고 진솔하며 지지적인 태도는 집단에 안정감과 신뢰감을 주어 참여자들이 자신의 속마음을 편안하게 열 수 있게 도울 것이다.

2) 문학 작품

도서 : 42가지 마음의 색깔 / 크리스티나 누녜스 페레이라·라파엘 R.발카르셀 글,
벨라 오비에도 등 19명 그림, 김유경 옮김 / 레드스톤 / 2020

이 책에서 소개하는 42가지의 감정은 포근함으로 시작해 감사로 마무리된다. 다양한 감정을 구슬이 실에 꿰어가듯 하나의 감정이 또 다른 감정을 불러오고, 그것들은

---

50) 임현미. 2015. 『이야기 치료에 근거한 이야기 만들기 집단상담이 비행청소년의 자기인식 및 정서표현에 미치는 효과 』. 석사학위논문. 광운대학교 상담복지정책대학원 상담심리치료학과. 재인용.

나와 함께 공존하며 나를 만들어 간다는 느낌을 갖게 하는 책이다. 따라서 청소년들은 이 책을 읽으며 상황에 따른 감정을 생생하게 만날 수 있고 자신의 감정과도 비교할 수 있을 것이다.

3) 관련 활동

① 자기-모니터링지

자신의 문제를 들여다보지 않으면 해결을 하는 것도 어렵다. 따라서 본 활동은 여러 이유로 그동안 들여다보지 못했던 자신의 일상을 들여다보며, 매순간 무슨 일이 일어나고 있는지 스스로 알고, 관심을 가져볼 수 있도록 돕는데 목적이 있다. 참여 청소년들은 활동지를 작성한 뒤 선택적으로 발표를 하거나 둘씩 짝을 지어 대화를 나눌 수도 있다. 이 활동은 경청과 공감이라는 의사소통 기술의 효과도 기할 수 있다.

② 감정 인식과 표현(감정 온도계)

참여자들이 우울한 상황에서 갖게 되는 주된 감정을 찾은 후 정서의 강도에 따라 어떤 행동을 취하고 어느 수준에 이르렀을 때 심리적 고통의 수준에 이르는지 점검해 볼 수 있는 활동이다. 예를 들어 불안한 마음이 30도일 때에는 친구들과 대화를 시도하며 불안한 마음을 해소하지만, 60도일 때는 말수가 없어지고 혼자 있고 싶다고 느낄 수 있다. 20도일 때 나의 신체 증상은 조금 수다스러울 정도로 과잉 행동을 하지만, 60도일 때에는 무기력하고 활기가 없어 보일 수 있다. 온도 변화에 따라 자신이 사용하는 행동 방식이 마음에 들면서 효과적인지, 그렇지 않은지에 대해 이야기를 나누어 보자. 활동에 사용될 자료는 〈관련 활동 6-2〉에 있다.

③ 슬라임 만들기

재료를 섞고 주무르고 터뜨리는 작업이 감정 해소를 도울 수 있기 때문에 슬라임 만들기를 시도해 보고자 한다. 가장 힘들었을 때, 후회스러웠던 때, 행복했을 때를 각각 떠올려보고, 그때의 감정을 다양한 도구를 사용해 슬라임으로 표현해본 뒤 그때 경험했던 이야기를 나누며 치료적 기회를 갖는 것이다. 〈활동 예시 6-1〉에 슬라임 만들기를 위한 준비물과 참여자 활동 사진이 있으니 참고하시기 바란다.

자기-모니터링

별칭 :

날짜 / 요일	+ (좋았던 점, 칭찬하고 싶은)	− (아쉬운 점, 후회되는)	× (다음 주 초점)	생활지수(10)

감정 인식과 표현(감정 온도계)

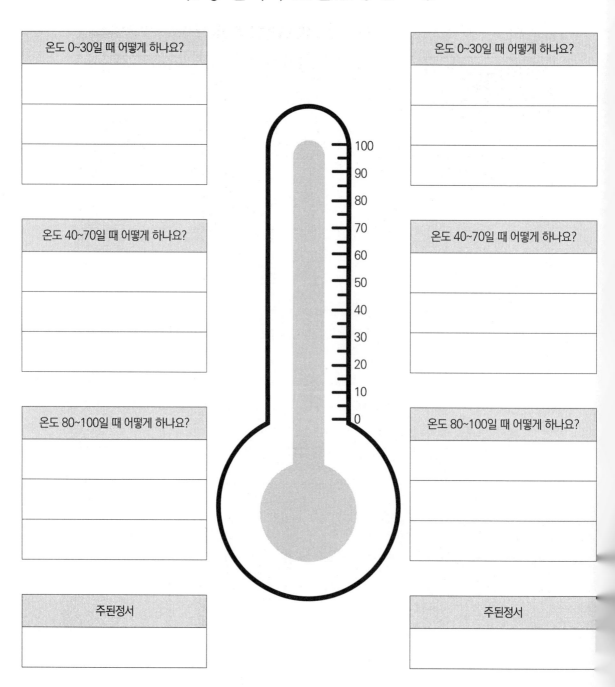

온도 0~30일 때 어떻게 하나요?

온도 40~70일 때 어떻게 하나요?

온도 80~100일 때 어떻게 하나요?

주된정서

온도 0~30일 때 어떻게 하나요?

온도 40~70일 때 어떻게 하나요?

온도 80~100일 때 어떻게 하나요?

주된정서

| 활동 예시 6-1 |

1) 세부목표 : 우울 상담소 [행동]

참여자들이 요즘 들어 경험하고 있는 자신의 하루 생활 습관을 구체적으로 탐색해 보고, 자신이 원하는 방향으로 생활습관을 재구성해보는 세션이다. 중요한 것은 변화의 주체가 참여자들이어야 한다는 점이다. 참여자가 원치 않는데도 부담스럽게 설득해서 변화를 시도하지 않는 치료사의 유연한 태도는, 그들의 입장을 충분히 이해하려는 태도로 보일 수 있기 때문에 중요한 치료적 요소라고 할 수 있다.

2) 문학작품

도서 : 이제 그만 일어나, 월터! / 로레인 프렌시스 글, 피터 고우더사보스 그림,
     유수현 옮김 / 소원나무 / 2016

이 그림책은 마음속 외로움으로 소아 우울증을 앓고 있는 월터의 이야기를 담고 있다. 청소년기에 우울을 경험하고 있는 사람들은 자신의 상태가 우울하다는 것을 알지 못하는 경우가 있어, 누구에게 도움을 구하는 대신 신체적 반응으로 잠을 지나치게 많이 자거나 무기력한 모습을 보이는 특징이 있다. 따라서 문제의 원인보다는 보이는 행동으로 인해 판단 받고 가족의 걱정거리가 되기 쉽다. 본 세션을 위해 이 그림책을 선정한 이유는 주인공 월터의 부모처럼 겉으로 보이는 우울 증상을 없애기 위해 무엇을 할지 몰라 헛수고만하는 모습이 아니라, 자신의 마음속 외로움을 들여다보고 자신이 진정 원하고 기뻐하는 것이 무엇인지 확인할 수 있는 기회를 주기 위해서이다. 또한 우울로 인해 발생되는 자신의 지나친 수면과 무기력이 어떻게 느껴지는지, 만약

달라지고 싶다면 그것은 어떤 모습인지 등에 대해 반복적인 생활습관을 한번쯤 고민해 보는 시간을 갖기 위해서이다.

3) 관련 활동

① 자기-모니터링지

② 나의 일상(6분할 기법)

도화지를 6등분으로 접고 다시 펼친 다음, 그 안에 요즘 나의 일상을 차분한 마음으로 생각해 본 후 그림이나 글로 표현해 보는 작업이다. 표현된 나의 일상 중에 마음에 드는 것은 무엇인지, 바뀌었으면 하는 것은 무엇인지 이야기를 나눈 뒤, 나에게 필요한 혹은 주고 싶은 선물을 그리거나 말 주머니를 넣어 하고 싶은 말을 적어보게 한다. 바뀌길 바라는 자신의 일상에 대해서도 무엇을, 어떻게, 왜 바꾸고 싶은지, 바꾸지 않았을 때 어떤 영향이 있는지, 어느 정도 바뀌면 만족스러운지 등에 대해 심층적으로 질문을 더해 참여자의 건강한 생활습관 변화 행동을 촉진시킬 필요가 있다.

8세션

1) 세부목표 : 우울 상담소 [관계]

이번 세션은 타인과 나의 건강한 경계에 대해 생각해 보기 위한 시간이다. 나만 있고 너는 없는 무례하고 공격적인 관계가 아닌, '나와 너'가 동시에 존중받고 보호받을 수 있는 관계가 건강하다. 건강한 관계를 유지하기 위해서 어디까지가 나이고 어디까지가 너인지 경계를 인식하고 지키는 것은 무엇보다 중요하다. 청소년기는 부모로부터 독립하려는 충동이 강하며 또래집단에 대한 관심이 증대되는 시기이기에, 관계에서 오는 소외감이나 외로움을 많이 느낄 수 있다. 그러므로 건강한 관계를 인식하고 자신을 보호하는 것이 필요하다.

2) 문학작품

도서 : 곰씨의 의자 / 노인경 글 · 그림 / 문학동네 / 2016

곰씨는 편안하게 의자에 앉아 차를 마시며 음악을 듣고 있다. 하지만 어느 날부터 자신의 의자에 타인이 들어오면서 더 이상 차도, 음악도 편안하게 즐기기 어렵게 된다. 그러자 곰씨는 불편한 마음을 담아만 두고 있다가 결국 용기를 내어 말하게 된다.

타인에게 자신의 감정을 표현하는 데에는 용기와 '어떻게 표현할 것인가'에 대한 전략이 필요하다. 자신의 마음을 공격적이지 않고 진솔하면서도 따뜻하게 표현하는 것이 어렵기 때문이다. 따라서 관계 형성 및 유지를 위해서라도 나는 어떻게 표현을 하고 있는가에 대해 점검해 볼 필요가 있다. 본 세션을 위해 이 그림책을 선정한 이유는 관계에 따른 본인의 정서, 그리고 표현에 대한 이야기를 나누기 위해서이다.

3) 관련 활동

① 자기-모니터링지

② 소시오그램(sociogram)

소시오그램은 상징을 사용해 사회적 유대 관계를 표현하는 미술치료 기법 중 한 가지이다. 이 활동은 내가 속한 다양한 사회적 공간에는 어떤 사람들이 있는지, 나는 그들과 어떤 관계를 맺고 있는지 생각해볼 수 있도록 해준다. 사회적 관계에서도 어느 정도 안정적인 거리가 중요한데, 때로 정서적, 물질적, 시간적, 신체적으로 경계를 훌쩍 뛰어넘어오는 사람도 있다. 따라서 건강한 경계에 대해서 생각해 보고 우울한 상황에서 자신에게 힘과 위로가 되는 관계적 지지 체계를 탐색하고 확인하는 것은 도움이 될 수 있다. 활동에 대해서는 〈활동 예시 8-1〉을 참고하기 바란다.

다음은 소시오그램 활동지를 작성하는 순서이다.

- 스케치북에 원을 네 개 그린다.
- 가운데 원에는 나와 관련되어 생각나는 이미지를 그린다.
- 나와 관계가 깊은 사람들 순으로 이미지를 그려나간다.
- 표현된 그림을 보고 제목을 붙인다. (~~한 나)
- 다른 참여자들과 이야기를 나눈다.

소시오그램

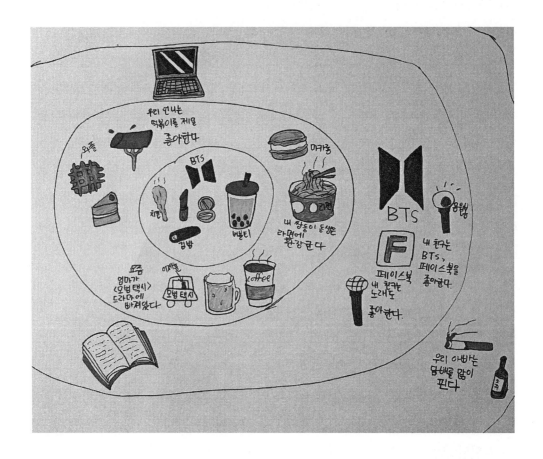

1) 세부 목표 : 여기가 안전지대 [안정감 회복]

어린 시절 동네 골목에서 놀다가 친구와 다투고 울면서 집에 들어가면 엄마가 안아주시며 내 편을 들어주셨다. 이때 엄마는 나의 안전지대 역할을 해주었던 중요한 대상이었는데, 이처럼 자신의 불편한 감정을 안전하게 만들어주는 안전한 장소, 즉 안전기지 역할을 하는 내적, 외적 보호 요인과 강점 자원을 강화시켜 위험 요인을 예방하여 심리적 안정감을 회복할 수 있도록 돕는 것은 매우 중요하다. 따라서 이와 같은 목적 달성을 위해 내가 가장 마음이 편하고 좋아하는 상황이나 장소, 사람, 냄새, 감정은 어떤 것들이 있는지 살펴보게 함으로써, 자신이 안전하고 편안하게 느끼는 것속에서 나라는 존재를 확인하며 성장해 갈 수 있는 공간을 제공하고자 한다.

2) 문학 작품

도서 : 구덩이 / 다나카와 슌타로 글, 와다 마코토 그림, 김숙 옮김 / 북뱅크 / 2017

일요일 아침, 아무 할 일이 없었던 히로는 구덩이를 파기 시작한다. 히로의 구덩이는 조용하고 좋은 냄새가 나는 곳이자, 자신을 지지해주는 타인을 만나고, 자신만의 공간에 대한 편안함과 성취감을 갖게 해주는 공간이 된다.

본 세션을 위해 이 그림책을 선정한 이유는 참여자들이 그동안 자신을 지켜주었던 크고 작은 구덩이들, 다시 말해 환경이나 공간, 목표에 대한 성취감, 의미 있는 타인에 대한 의미와 가치를 발견하고, 안전 공간인 구덩이를 만들어 자신의 존재를 찾아가는 의미 있는 시간이 되길 바랐기 때문이다.

3) 관련 활동

① 자기-모니터링지

② 심리적 안전 스케줄

참여자들이 자신의 내적 · 외적 자원 중에서 보호 요인과 위험 요인, 강점 자원을 점검한 후 자신만의 심리적 안전계획을 세워 심리적 안정감을 회복할 수 있도록 도움을 주는 세션이다. 활동을 위한 구체적인 자료는 〈관련 활동 9-1〉에 있다.

심리적 안전 스케줄

시간대	월	화	수	목	금	토	일
아침 (시간)							
오전 (시간)							
오후 (시간)							
밤 (시간)							
새벽 (시간)							

1) 불쾌한 감정이 들거나 우울한 기분이 드는 요일과 시간대는 언제인가요?

2) 그때 어떻게 했나요? 결과는 만족스러웠나요?

3) 변화하고 싶은 요일과 시간대가 있다면 표시해 봅시다.

4) 나를 심리적으로 안전하게 돌볼 수 있는 방법에는 무엇이 있나요?

5) 변경된 스케줄을 따르는데 예상되는 걸림돌이 있다면 나눠봅시다.

10세션

1) 세부 목표 : 달라진 하루 [안정감 유지]

10세션은 프로그램을 시작한 이후 9세션까지 탐색한 자신의 모습과 느꼈던 점을 바탕으로, 보다 건강한 하루의 일상을 만들어 가도록 돕는데 목표가 있다. 따라서 목표를 달성하면 참여자들은 자신의 주변에 항상 존재하는 일상 속 소소한 것들에 의미를 부여하며 심리적 허기를 채워 달라진 하루를 경험하며 심리적 안정감을 유지하게 될 것이다.

2) 문학 작품

도서 : 살아있다는 건 / 다니카와 순타로 글, 오카모토 요시로 그림, 권남희 옮김 / 비룡소 / 2020

이 그림책은 글쓴이가 '살다'라는 오래된 자신의 시를 모티브로 만든 것이라고 한다. 세상에 당연한건 없다. 그동안 당연하게 여기며 지내왔던 소소한 일상들이 지금 내가 살아 있다는 것이라는 소중한 가치를 깨닫게 해준다. 살아있다는 건 바로 내가 경험하고 있는 '지금'이다. 이번 세션의 세부 목표인 '달라진 하루'는 결국 자신의 소소한 일상들을 유심히 들여다보는 것이다. 그 속에서 내가 살아있음을 느끼게 하는 내적 · 외적 자원을 발견하는 것만으로도 이전의 삶과 달라진 하루를 살게 될 것이다.

3) 관련 활동

① 자기-모니터링지

② 마술 종이 만들기

내가 살아있다고 느낄 때는 언제인지, 그리고 무엇 때문에 그런 느낌이 드는지 탐색해 보는 활동으로, 자신의 보호 요인과 강점 자원을 위주로 작성한다. 마술 종이 활동을 먼저 마친 참여자들과는 자신이 살아있다고 느껴지지 않거나 손상된다고 느껴지는 상황은 언제인지 이야기를 나누면 좋을 것이다. 치료사는 본 세션을 마친 후 마술 종이로 열쇠고리를 만들어 마지막 세션에 참여자들에게 나눠주었다. 왜냐하면 프로그램이 종결된 후에도 참여자들은 자신이 만든 열쇠고리에 새겨진 긍정 자원을 재확인하며, 우울한 상황이 발생했을 때 힘을 얻을 수 있을 것이기 때문이다. 마술 종이 만들기 과정은 다음과 같으며, 결과물은 〈활동 예시 10-1〉에서 확인할 수 있다.

'슈링클스'라는 신기한 마술 종이에 그림을 그려 오븐에 넣고 열을 가하면 크기는 1/7로 줄어들고 두께는 7배로 늘어나며 딱딱한 플라스틱으로 변한다. 이와 같은 원리를 활용해 액세서리나 냉장고 자석 등을 만들 수 있는데, 다음의 과정을 참고하기 바란다.

가. 마술 종이는 매끄러운 부분과 거친 면이 있는데, 거친 면에 네임펜을 사용하여 그림을 그리거나 글씨를 쓴다.(도안 사용 가능)
나. 연필용 색연필이나 파스텔을 사용하여 색칠한다.
다. 색칠된 그림을 원하는 모양으로 오린다.(펀치를 사용하여 열쇠고리 구멍 뚫기)
라. 180도로 예열된 오븐에 5분~7분 정도 구워준다.

마술 종이 만들기

11세션

1) 세부 목표 : 나를 up!

자신이 원하는 삶을 상상해 보고 용기를 내서 도전을 시도하는 세션이다. 이 시간은 자신이 기대하는 모습을 설정하고 이를 위해 어떤 노력이 필요한지, 만약 장애물을 만난다면 장애물을 극복하기 위해서는 어떤 마음의 자세가 필요한지 영상과 노래를 통해 깨닫는 기회가 될 것이다.

2) 문학 작품

영상 : 내 인생의 '벽'이 있다면, 지금 당장 해야 할 일 / 유병욱 /

CBS-TV 세상을 바꾸는 시간, 15분 1255회 / 2020

어떤 일에 도전하려고 할 때 마음의 벽을 느끼는 사람들이 있다. 이때 우울한 정서를 경험하고 있는 참여자들은 그 벽이 더 높고 더 단단하게 느껴질 것이다. 하지만 본 집단 독서치료 프로그램에 진솔하게 참여하며 이 세션까지 온 참여자들에게는 어느 정도 마음에 여유 공간이 생겼을 것이다. 물론 심리적 여유 공간이 생겨 무엇인가를 할 수 있을 것 같은 마음이 있는 만큼, 프로그램이 끝난 뒤 혼자서 도전을 해야 하는 것에 대한 불안과 걱정도 있을 것이다. 그렇다면 이 시점의 참여자들에게 있는 마음의 벽은 무엇일까? 또한 그 벽을 뛰어넘거나 허물기 위해 지금 해야 할 일은 무엇일까? 살아가면서 벽을 만났다면 겁부터 먹지 말고 안전하게 두드려 보고 확인하는 작업이 필요하다. 벽 중에 어떤 것들은 굉장히 허술한 것도 있을 테니까. 또한 어떤 벽은 다리가 되어 내가 성장해 나갈 수 있는 길이 되어줄 수도 있을 테니까 말이다.

노래 : 시작 – 드라마 '이태원 클라쓰' OST Part. 2 中 / 서동성 작사, 박성일 작곡,

엉클샘 편곡, 가호(Gaho) 노래 / 주식회사 블렌딩 발매 / 2020

우울한 마음이 지속되면 때때로 절망밖에 보이지 않고 무기력해지는 날이 영원히 지속될 것 같다는 생각이 든다. 하지만 우리 주변 어딘가에 희망은 늘 있기 때문에, 그것을 통해 미래로 나아갈 것이다. 본 프로그램에 참여하고 있는 청소년들도 이 노래를 통해 달라진 자신에 대한 자신감을 확인하고 변화를 위한 행동으로 이어졌으면 하는 바람으로 선택했다. 노래 가사는 〈문학작품 11-1〉에 있다.

3) 관련 활동

① 기적 그림 그리기 - 4컷 만화

이 활동은 '어느 날 아침에 눈을 떴더니 기적이 일어났다면?'과 같은 상상을 통해 참여자들과 자유롭게 이야기를 나누기 위한 것으로, 자신의 모습이나 처해 있는 상황, 혹은 관계에서 변화되거나 좋아지기를 바라는 상황 등을 4컷 만화로 표현해 보고, 말 주머니에 내용도 담아보는 활동이다. 자신이 그린 그림을 발표한 후 실제 기적이 일어난다면 어떤 기분이 들지 주변의 반응은 어떨지 등 다음의 발문을 더해 생각을 넓힐 수 있도록 돕자.

- 기적을 상상한 모습에서의 만족도는 10점 만점 중 몇 점인가요?
- 상상한 것이 이루어지기 위해 현재의 나에게 필요한 것은 무엇일까요?
- 예상되는 장애물에 대해서도 생각해 보고 대처 방안을 모색해 봅시다.

시작

- 서동성 작사, 박성일 작곡, 엉클샘 편곡, 가호(Gaho) 노래 -

새로운 시작은 늘 설레게 하지 모든 걸 이겨낼 것처럼

시간을 뒤쫓는 시계바늘처럼 앞질러 가고 싶어 하지

그어 놓은 선을 넘어 저마다 삶을 향해

때론 원망도 하겠지 그 선을 먼저 넘지 말라고

I can fly the sky Never gonna stay

내가 지쳐 쓰러질 때까진

어떤 이유도 어떤 변명도

지금 내겐 용기가 필요해

빛나지 않아도 내 꿈을 응원해 그 마지막을 가질 테니

부러진 것처럼 한 발로 뛰어도 난 나의 길을 갈 테니까

지금 나를 위한 약속 멈추지 않겠다고

또 하나를 앞지르면 곧 너의 뒤를 따라잡겠지

원하는 대로 다 가질 거야

그게 바로 내 꿈일 테니까

변한 건 없어 버티고 버텨

내 꿈은 더 단단해질 테니

다시 시작해

Ah ah ah ah ah Ah ah ah ah ah Ah ah ah ah ah

다시는 나를 잃고 싶지 않아 내 전부를 걸었으니까

원하는 대로 다 가질 거야

그게 바로 내 꿈일 테니까

변한 건 없어 버티고 버텨

내 꿈은 더 단단해질 테니

다시 시작해

Ah ah ah ah ah Ah ah ah ah ah Ah ah ah ah ah

『이태원 클라쓰' OST Part. 2 / 서동성 작사, 박성일 작곡, 엉클샘 편곡,

가호(Gaho) 노래 / 주식회사 블렌딩 발매 / 2020』

12세션

1) 세부 목표 : 어울림

드디어 프로그램을 마무리 짓는 세션이다. 따라서 이번 세션에는 그동안 함께 참여한 치료사와 참여자들, 또는 참여자들 서로 간에 이별에 대한 다양한 마음을 나누고 변화된 자신의 모습을 확인하는 시간을 갖고자 한다. 이 과정을 통해 긍정적으로 변화된 부분이 있다면, 그 요인에는 자신이 기여한 부분이 많다는 것을 확인하며 실생활에서도 이어질 수 있도록 강화해줄 필요가 있다.

프로그램을 마무리하는 마음은 서로가 비슷할 수도 전혀 다를 수도 있다. 그동안 프로그램을 이어온 치료사에게는 무사히 마치게 되었다는 안도감과 함께 아쉬움도 있을 테고, 참여자들에게는 긴 여정을 끝냈다는 후련함과 뿌듯함, 아쉬움도 있을 것이다. 우울한 정서를 경험 중인 참여자들에게는 헤어짐에 대한 과거 부정적 경험으로 인한 정서를 촉발시킬 수도 있으므로, 종결 세션은 진솔하고 사려 깊게 그들의 마음을 배려하면서 운영될 필요가 있다.

2) 문학 작품
도서 : 아름다운 실수 / 코리나 루이켄 글 · 그림, 김세실 옮김 / 나는별 / 2018

"실수는 시작이기도 해요." 실수로 떨어뜨린 잉크 두 점은 안경이나 롤러스케이트가 될 수 있고, 무엇인가를 더 더하면 다른 것이 될 수도 있다. 결국 실수라 여겼던 것이 사실은 실수가 아닌, 더 근사한 것을 만들 수 있는 시발점이자 촉진제가 될 수 있다.

우울한 사람일수록 타인의 실수에 너그럽고 자신의 실수에는 매우 엄격하다. 프로그램을 마치며 앞으로 참여 학생들이 만나게 될 실수와 실패의 장면들이, 더 성장할 수 있는 또 다른 계기나 시작임을 알 수 있도록 돕기 위해 선정한 그림책이다.

3) 관련 활동

① 롤링페이퍼(다함께 자화상)

본 활동의 순서는 다음과 같다.

- 자신의 별칭을 작성한 후 얼굴 윤곽 한 부분을 그린 후 옆으로 돌린다.
- 해당 참여자의 얼굴을 관찰하며 나머지 부분 중 일부분을 그린 후 옆 사람에게 전달한다. 이때 주의할 점은 펜이 종이에서 떨어지면 안 된다는 점이다.
- 자화상이 자신에게 올 때까지 그린다.
- 얼굴을 그리며 해당 별칭의 참여자에게 하고 싶은 말이나 선물을 글이나 그림으로 표현한다.
- 자신에게 돌아오면 자화상을 감상한 뒤 소감을 이야기한다.

② 열쇠고리 나누어 주기
10세션에 만들었던 마술 종이 작품을 열쇠고리로 만들어 참여자들에게 나누어 준 다음, 자신의 보호 요인과 강점 자원을 다시 한 번 확인하는 시간을 갖는다.

③ 참여 소감 나누기 / 사후 검사 / 종결
그동안 참여하면서 느낀 점을 나누고, 사전에 실시했던 검사를 다시 한 번 실시한 뒤 효과를 점검한다.

경도 우울증을 겪고 있는

4-50대 여성의 우울 개선을 위한

독서치료 프로그램

세 번째 우울

경도 우울증을 겪고 있는
4-50대 여성의 우울 개선을 위한
독서치료 프로그램

1. 프로그램 목표

우울은 삶의 과정에서 때때로 느끼는 일반적인 정서로, 일시적이고 일상생활에 어려움이 없는 정도의 가벼운 수준에서 장기적이고 만성적인 우울감과 함께 심한 고통감과 일상생활 부적응에 이르는 심각한 수준까지 그 수준과 양상이 다양하다.[51] 우울은 대표적인 심리적 부적응 증상으로 과거 경험 사건에 대한 후회, 자책뿐만이 아니라 미래에 대한 비관적인 태도가 포함되어 있다. 일상생활 가운데 스트레스 상황이 발생하였을 때 자신의 힘으로 해결하지 못하고 이로 인해 미래가 비관적일 것이라는

---

51) 양자선. 2020. 『초기 성인기 성인애착과 우울의 관계』. 석사학위 논문. 명지대학교 사회교육대학원 상담심리학과.

절망감이 우울을 유발하거나 심화시키게 된다.[52]

에릭슨의 심리사회적 발달단계에 따르면 40-65세는 생산성(generativity) 대 침체성(stagnation)의 단계로, 가정에서나 직업에서나 가장 활동적이고 생산적으로 살아가는 시기이다. 따라서 이 시기에 주어진 과업을 해결하지 못하면 즉, 제대로 된 생산성을 발휘하지 못하면, 삶이 정체되고 사회적 활동에서도 고립되기 쉽다. 중년기에 있어 생산성과 정체성의 갈림길에 선 사람에게 친밀감은 변화를 시작하는 작은 첫걸음일 수 있다. 일상적이고 상투적인 날들에서 벗어나 뭔가 새롭고 흥미로운 활동을 하는 것은 중요할 수 있다.[53] 그러나 만약 우울을 겪고 있다면 이런 시도가 쉽지 않을 것이다.

보건복지부(2017)[54]가 발표한 2016년도 정신질환실태 조사 결과를 보면, 성인 4명 중 1명은 일생에 1번 이상 정신질환을 겪으며 기분장애의 대표 질호나인 주요우울장애의 1년 유병률은 남성의 약 3.9%, 여성이 약 6.9%인 것으로 나타나 여성이 우울증에 걸릴 확률이 더 큰 것으로 분석됐다. 연령이 높을수록 우울증 환자의 비율도 증가했는데, 2-30대는 약 2.7%, 4-50대는 약 5.7%, 6-70대는 약 13.9%, 80대 이상은 약 18.4%가 우울증을 겪은 것으로 나타났다. 이어서 보건복지부에서 발표한 2021년 2월 5일자 보도자료[55]에서는 우울 위험군이 2018년에 3.8%에서 2020년에 17.5-22.1%까지 수치가 높아졌다는 점도 확인할 수 있었다.

이에 본 프로그램에서는 약물 처방을 받지 않아도 되는 경도 우울의 4-50대 성인 여성을 대상으로, 독서치료 프로그램을 적용해 우울의 개선 및 우울 받아들임을 통해 중도 우울로 가지 않도록 하는데 목표를 두었다.

---

52) 심우일. 2018.『우울감 높은 성인여성의 자아존중감과 우울 및 스트레스에 대한 미술치료 사례연구』. 석사학위논문. 단국대학교 특수교육대학원 특수교육학과.

53) 다음 가족심리백과. https://100.daum.net/encyclopedia/view/60XX74200009

54) 보건복지부, 삼성서울병원 2017.『2016년도 정신질환실태 조사』. 세종: 보건복지부 정신건강정책과. p. 7.

55) 보건복지부. 2021.『코로나 우울 대응을 위한 전 국민 심리지원 서비스 강화 보도자료』. 세종: 보건복지부 사회소통팀.

2. 프로그램 구성

본 프로그램은 경도 우울증을 겪고 있는 4-50대 중년 여성들의 우울 개선에 목표를 두고 있다. 따라서 임상적 독서치료에 해당되기 때문에 목표 달성을 위해 참여 인원은 10명으로 제한했다. 또한 총 12세션 동안의 장기 프로그램으로 구성했으며, 매주 1세션은 3시간 동안 선정한 문학작품 및 활동을 통해 충분히 이야기를 나누며 치료 효과를 기대할 수 있도록 했다. 세션 별 구성을 소개하자면, 1세션은 오리엔테이션으로 치료사 및 전체 프로그램을 소개하고, 집단으로 진행되는 프로그램이 안전하면서도 모든 참여자들에게 도움이 될 수 있도록 규칙(약속) 정하기, 자신의 우울을 객관화 할 수 있는 이름 붙이기, 프로그램을 통해 개선하고 싶은 목표 정하기로 구성되어 있다. 이어서 2세션부터는 매 세션 시작 시 한 주간의 나눔 시간을 통해 삶의 내용에 대한 점검을 기본적으로 포함시켰고, 그 외 2, 3세션은 우울 탐색하기, 4세션은 욕구 담기, 5-8세션은 과거 나의 그림자가 현재 나의 우울과 어떻게 연결되고 있는지 살펴보면서 참여자 스스로 우울을 극복해 나갈 방향을 찾을 수 있도록 구성했다. 다음의 9세션에서는 현재의 상황에서 달라지기 위한 계기를 만들 수 있도록 돕고자 했고, 10세션에서는 우울 극복을 위해 내게 어떤 것이 필요한지 스스로 찾아서 개선을 위한 실질적인 준비를 할 수 있는 기회를 주고자 했다. 마지막 11세션에서는 미해결 과제에 대한 수용으로 우울하지만 그럼에도 보통사람으로 살아갈 수 있을 나에게 위로와 격려의 편지를 써볼 수 있도록 했고, 12세션에서 그 편지를 낭독해 보며 1세션 때 세웠던 목표에 얼마나 도달했는지 확인 후 마무리하고자 하였다.

본 프로그램을 위해 선정한 문학작품은 철학, 사회과학, 문학 등 일반도서와 그림책, 시가 주가 되며, 관련 활동으로는 글쓰기와 이야기 나누기, 미술 등을 각 세션에 맞게 활용하고자 한다. 다음의 〈표 3〉은 프로그램의 세부 계획서이다.

〈표 3〉 경도 우울증을 겪고 있는 4-50대 여성의 우울 개선을 위한 독서치료 프로그램

세션	세부목표		문학작품	관련 활동
1	소개하기		도서 : 안녕, 울적아	소개하기, 약속정하기, 내 우울에 이름 붙이기, 목표 정하기
2	탐색하기 1		도서 : 나는 내가 우울한 사람인 줄 알았습니다	삶의 파노라마 - 6컷 이미지
3	탐색하기 2		도서 : 여자들은 다른 장소를 살아간다	공간의 기억 - 9분할법 응용
4	욕구 담기		도서 : 마음먹기	마음 메뉴판, 레시피
5	과거의 나 -그림자에 색 입히기		도서 : 그림자 아이가 울고 있다	컬러링 테라피
6	현재의 나	인식하기	도서 : 나 안 괜찮아	감정 해소하기
7		처방하기	도서 : 도망치고 싶을 때 읽는 책	도망치고 싶은 나에게 주는 처방전
8		위로하기	도서 : 삶의 어느 순간은 영화 같아서	나에게 주는 선물 - 스트링 아트
9	터닝 포인트		도서 : 잠시, 생각할 시간이 필요해	생각 뒤집어보기 '00의 대차대조표'
10	미래를 위한 준비		도서 : 조금 괴로운 당신에게 식물을 추천합니다	스칸디아 모스 액자 만들기, '나의 00에게 00을 추천합니다'
11	수용하기		도서 : 조금 우울하지만, 보통 사람입니다	나의 00에게 띄우는 편지 쓰기
12	마무리		시 : 나는 나다	과정 돌아보기, 목표 확인하기, 나와 너의 우울에게

1) 세부목표 : 소개하기

1세션은 치료사와 참여자들이 처음 만나는 시간이기 때문에 먼저 서로에 대한 소개 후 마음 열기를 위한 아이스브레이크 타임을 갖는 것이 필요하다. 이후 전체 12세션 프로그램에 대한 안내를 세션 별 세부목표와 문학작품, 관련 활동까지 상세히 해줄 필요가 있다. 이때 세션별로 선정되어 있는 문학작품은 미리 읽을 것을 권할 필요가 있다. 특히 그림책이나 시는 해당 세션 시간 중에 함께 읽을 수 있지만, 일반도서의 경우 분량이 많기 때문에 미리 읽어올 것을 강조하는 것이 좋다. 물론 그럼에도 읽지 못할 가능성은 있기 때문에 만약 그렇더라도 프로그램에는 반드시 참여하는 것이 더 중요하다는 점도 말해줄 필요가 있다. 이와 같이 프로그램에 대한 안내와 치료사 및 참여자들의 소개가 모두 끝나면, 이어서 프로그램의 안전성과 효과를 높이기 위해 규칙(약속)을 정한다. 규칙 정하기까지 오리엔테이션에 해당되는 활동이 모두 끝나면, 다음으로 이번 세션을 위해 선정한 문학작품을 읽고 발문활동 후 내 우울에 이름을 붙여 객관화한 내용을 이야기를 통해 함께 나누는 시간을 갖는다. 이어서 마지막으로 우울 진단을 받은 참여자들의 현재 양상이 어떤지 확인을 하고, 프로그램 종결 시 어느 정도에 도달하기를 바라는지 각자의 목표를 정하게 한다.

2) 문학작품

도서 : 안녕, 울적아 / 안나 워커 글 · 그림, 신수진 옮김 / 모래알 / 2019

빌이 맞게 된 어느 날 아침, 비가 올 것 같은 잔뜩 찌푸린 날씨이다. 학교에 갈 준비를 하지만 좋아하는 양말을 못 찾고, 우유를 엎지르고, 시리얼은 퉁퉁 불어 버려서 학교에 가고 싶지 않다. 그러는 사이 빌의 머리 위로 회색 빛깔의 울적이가 조금씩 크기를 키우며 자리한다. 짜증만 나고 마음이 잔뜩 찌푸려 있을 때마다 나타나는 울적이는 점점 커지기만 하는데, 빌은 그런 울적이가 "없어졌으면 좋겠다."고 소리를 지른다. 그러자 울적이가 울기 시작했고 빌은 울적이의 눈물에 비친 자신의 모습을 보게된다. 울적이의 손을 잡고 함께 물웅덩이를 건너고 길거리를 지나며 웃음을 찾는 사이, 울적이는 점점 작아져서 투명해졌다. 다음날 아침 빌의 침대 위에는 울적이 인형이 놓여 있지만 빌은 공을 들고 나가 아이들과 함께한다. 우리 모두에게도 이런 아침이 있다. 누군가는 날씨에 따라 기분에 영향을 받기도 한다. 부정적이라고 생각하는 감정을 만나게 되면 이 감정을 빨리 떨쳐버리고 싶어지기도 하지만 불필요한 감정이 있을까? 불필요한 감정이라고 생각했다면 작가도 울적이를 침대에 남겨두지 않았을 것이다. '안녕'의 의미도 생각해 보며 울적이를 만나면 좋겠다.

3) 관련 활동

① 소개하기

② 규칙(약속) 정하기

프로그램에 참여하는 참여자들은 개인이 아니라 집단이기 때문에 서로 간에 기본적으로 지켜야할 규칙을 정하는 것은 프로그램 구조화를 위해 중요한 과정이다. 치료사가 일방적으로 약속을 정해서 강제성을 띠는 것보다는 참여자들 스스로가 약속을 정해 동의를 얻을 수 있도록 다섯 가지 항목을 쓸 수 있게 해 놓았다. 이때, 비밀 지키기에 관한 사항은 필수로 적어 넣어 안전장치를 만들어 둘 필요가 있다. 이는 사적이고 감정적인 대화가 될 수 있는 부분에 대해 있을 수 있는 불안을 없애고, 적극적인 나눔이 이루어질 수 있게 하기 위함이다. 많은 이야기가 약속 항목으로 거론된다면 모두를 받아들이거나 많은 참여자가 동의하는 것을 우선 정하기로 합의할 수 있겠다.

약속이 정해지면, 결정된 항목을 정리한 뒤 날짜, 모든 참여자의 이름과 사인을 담아 함께 읽어본 뒤 보관한다.

③ 내 우울에 이름 붙이기

이야기 치료의 2단계에 쓰이는 방법으로 '문제의 객관화'에서 착안해 가져온 활동으로, 문제에 이름을 붙이면 그것을 객관적으로 볼 수 있고 적절한 관계를 맺을 수 있다. 이름 붙이기는 상담자가 일방적으로 하는 것이 아니라 내담자가 스스로 하도록 돕는다. 이미 경도 우울이라는 진단을 받았지만, 각자가 자신의 증상에 이름을 붙이는 것은 자신과 문제를 분리해 객관화시키는데 보다 효과적일 것이다. 이름은 중요한 만큼 잘못 지어지면 오히려 부정적 영향력을 강화시킬 수 있기 때문에 주의할 필요가 있다.[56] 본 활동은 선정한 문학작품을 읽은 뒤에 하기 때문에 그림책에 등장하는 '울적이'와 같은 이름을 짓는 것도 가능하겠고, '심심이' 등 어떤 것이든 관계가 없다. 혹은 울적하고 싶지 않은 마음을 반영해 '호호'나 '파랑이', '초록이' 등의 색깔로 이름을 지을 수도 있을 것이다. 허용적 분위기에서 이름 붙이기가 마무리 되면 각자가 붙인 이름을 소개하는 시간을 가진다. 이때 이렇게 만든 이름을 별칭처럼 프로그램이 운영되는 내내 사용할 것인지에 대해서도 함께 협의할 수 있다.

④ 목표 정하기

각자 다양한 원인으로 우울을 겪고 있고, 우울함을 느끼는 정도도 참여자들마다 다를 것이다. 우울에 대한 강도는 주관적이지만 수치화할 수 있다. 경도 우울이라고 해서 검사상 수치는 비슷해도 사람마다 느끼는 강도가 주관적인 만큼, 현 상태에서 10을 가장 큰 수의 우울 강도로 했을 때 참여자 개인이 느끼는 우울을 수치화 할 수 있도록 한다. 현재 상태를 수치화했다면 앞으로 프로그램을 마친 12주 후에는 그 강도가 어느 정도로 낮아지면 좋겠는지 목표를 정하게 하고, 목표를 위해 적극적으로 참여할 것을 독려한 뒤 활동을 마무리 한다.

---

56) 임성관. 2019. 『(개정판) 독서치료의 모든 것』. 서울: 시간의 물레. pp. 223-226.

우리들의 약속

1.

2.

3.

4.

5. 프로그램에서 들은 내용에 대해 비밀을 지키겠습니다.

20 . . .

이름 :   (인)   이름 :   (인)

이름 :   (인)   이름 :   (인)

이름 :   (인)   이름 :   (인)

이름 :   (인)   이름 :   (인)

이름 :   (인)   이름 :   (인)

2세션

1) 세부목표 : 탐색하기 1

이번 세션은 탐색하기 첫 시간으로 태아기로부터 현재에 이르기까지 원가족과 현재 가족을 중심으로 한 우울탐색을 목표로 한다. 참여자들이 중도 우울을 겪고 있다는 점에서는 똑같지만, 개인마다 우울의 원인은 다를 것이다. 때로는 원인도 모른 채 원래 자신이 우울한 사람이었다고 생각할 수 있을 텐데, 참여자들의 우울 원인과 그 시작점을 탐색하는 일은 우울을 개선하는데 의미가 있을 것이다.

세션이 시작되면 우선 한 주간의 나눔으로 감정의 정서 이완이 이루어지도록 한다. "그저 그랬다."는 방어적인 말보다는 감정 단어를 한 마디라도 표현할 수 있도록 유도하는 것이 좋지만, 그 또한 강제할 수는 없다. 선정한 문학작품을 읽고 발문 활동을 하며 어린 시절의 나를 떠올려보게 한다. 이어서 삶의 파노라마 활동을 하면서 앞서 나눈 이야기를 바탕으로 이미지화 해보고, 새롭게 떠오르는 생각이나 기존의 사고를 정리 및 발표하면서 탐색을 마친다.

2) 문학작품

도서 : 나는 내가 우울한 사람인 줄 알았습니다 / 뜬금 글 · 그림 / 빌리버튼 / 2020

원래 우울한 사람인 줄 알았던 날들을 거쳐 기분부전증 진단을 받고 치료하면서 점차 떠오르는 연습 중인 작가는, 자신의 이야기를 에세이로 적어나가면서 흐르는 대로 고요하게 살고 싶다고 한다.

'나에게 우울은 매우 당연하고 매우 친숙한 감정이다. 나는 오랫동안 우울을 공기처럼 들이쉬고 내쉬며 살아왔다. - 중략 - 가만히 생각해보면 아무 이유 없이 우울한 사람은 없다. 날씨가 흐려서, 누군가와 말다툼을 해서…, 우울에도 이유가 있고 원인이 있다. - 중략 - 트라우마가 점점 자라나 좋은 기억들의 영역까지 침범한다. 그렇게 나도 우울에 잠식당하면서 지금에 이르렀다는 생각이 들었다. 우울이 잠식한 시간이 길어져, 결국 스스로를 타고나길 우울한 사람으로 오해하고 있었던 것이 아닐까.'

우울한 사람인 줄 알았던 날들에 삶의 전반이 우울의 껍질로 뒤덮여 있다고 느낀 작가의 감정을 참여자도 겪고 있을 것이다. '우울해도 살아갈 만하다고 생각했던 한 사람의 후회와 노력의 기록'이 '어렴풋이 알 것만도 같은 나를 사랑하는 일'에 도움이 될 것이라는 생각이다. 또한 책 속의 내용을 따라가며 쉽게 구겨지는 종이마음을 들여다보고, 기억나지 않을 것 같은 시간들을 탐색해 보는 데 도움이 될 것이다.

3) 관련 활동

① 한 주간의 나눔
프로그램 시작 후 한 주간에 있었던 일을 자유롭게 표현할 수 있도록 하여 정서적 완화 및 스트레스 해소의 시간이 될 수 있게 하기 위한 활동으로, 매 세션마다 진행하며 1인당 3분 안팎의 시간을 배분한다. 말하기 싫은 참여자들은 그 선택에 대해 존중할 필요가 있지만 그 이유를 물어봐 주는 것도 필요하겠다. 자신의 불쾌했거나 즐거웠던 정서를 이야기 하는 것만으로도 참여자들은 카타르시스를 경험할 수 있다. 이번 세션의 주제와 연결해 한 주간 느꼈던 감정들을 지난 시절 중에 느낀 적이 있는 지에 대해서도 잠시 나누고 넘어가는 것도 좋다.

② 삶의 파노라마 - 6컷 이미지
삶의 파노라마는 미술치료 초기나 중기에 활용되는 기법 중 하나이다. 사용하는 목적은 자신의 삶 전체를 돌아보며 자신의 삶의 경험을 정리하고, 정신적·신체적·영적인 영역에서 자신의 모습과 역할을 이해하고자 할 때 쓰인다. 활용 방법은 먼저 참여자들에게 눈을 감게 하고 호흡과 근육을 이완하도록 유도한다. 이완이 끝난 후 각자 개인적 역사에 대해 생각해보도록 유도하고, 세션에 필요한 생의 주기에 따라 가장 강하게 떠오르는 느낌을 기억하거나 생각하게 한다.[57] 생각난 것들을 떠올리며 각자 켄트지 전지를 가로로 1/2 자른 것을 연결한 지면을 대략 6등분으로 나누어 그림도구를 활용해 그림으로 표현하게 한다. 이미지나 색, 사람, 물건 등 무엇이든 표현해도 된다. 이 활동은 꽁꽁 숨겨 두었던 과거라는 무의식을 정리할 수 있고, 그림과 색깔로 과거의 인생을 되돌려 볼 수 있으며, 과거와 현재의 나, 원하는 모습의 나를 찾을 수 있게 해주는 치유 효과를 얻을 수 있다.[58] 이번 세션에서는 이 부분을 응용하여 태아기, 유·아동기, 청소년기, 청년기, 결혼 후, 최근 1년 정도의 6컷 이미지로 표현하게 한다. 또한 가능하면 원가족과 현재 가족에 대한 이미지를 떠올리고 표현할 수 있게 한다. 이는 원가족과 현재 가족이 참여자 각자에게 미치는 우울을 탐색하게 하려는 의도이다.

---

57) 정여주. 2012. 『미술치료의 이해』. 서울: 학지사. pp. 286-288.

58) 임윤선. 2017. 『나를 만나는 시간』. 서울: 자음과 모음. pp. 111-112.

1) 세부목표 : 탐색하기 2

2세션의 탐색이 생애주기 중 가족 관계에 대한 것이었다면 이번 세션에서는 여자의 공간을 중심에 두었다. 남자보다 여자의 우울 비율이 높다는 것을 생각할 때, 여자의 공간을 이해하고 탐색하는 것도 의미가 있을 것이다. 한 주간의 나눔을 하면서 최근 가장 많이 머무르는 의미 있는 공간에 대한 느낌을 나누고, 선정한 문학작품을 나누면서 여자가 만나는 다양한 공간에 대해 생각해 보고, 주관적인 나만의 공간에 대한 기억을 떠올리게 한다. 책 속에 제시된 공간에서 의미를 찾고 우울에 대한 기억을 떠올렸다면 그 공간에 머무르며 탐색이 될 수 있도록 도와주고, 책 속 공간 이외의 장소에서 탐색이 이루어진다면 그 공간에 머물게 하면 된다. 이후, 9분할 통합을 응용한 공간의 기억 활동을 진행하며 첫 공간과 마지막 공간의 메시지에 주목하면서 집단 참여자들과 상호작용을 나누고 탐색을 마무리 한다.

2) 문학작품

도서 : 여자들은 다른 장소를 살아간다 / 류은숙 지음 / 낮은산 / 2019

이 책의 주제는 부엌, 연단, 교실, 광장, 거리, 쇼핑센터, 여행지, 장례식장, 화장실, 일터, 헬스클럽, 파티장, 회의장 등과 같은 장소이다. 이 장소들은 물리적인 공간만을 말하지 않는다. 그곳에서 맺는 다양한 관계를 포함하면서 그곳을 무대로 펼쳐지는 상호작용에 따라 감정이 움직이는 공간이다. 여성들은 페미니즘이라는 프레임 속에서 어떤 장소는 박차고 나오기 위해, 어떤 장소에는 온전히 속하기 위해 이중의 투쟁을 해왔고, 그 투쟁은 여전히 지속되고 있다. 이 책을 통해 독자는 저자의 다양한 개인적 경험을 여성이 일상의 장소 곳곳에서 어떻게 다르게 살아가고 있는지 살펴볼 수 있고, 그 속에서 나, 우리를 만날 수 있다. '이곳에 다시 와 볼 수 있을까?' 하는 장소가 있는가 하면, 그곳이 정말 싫기 때문에 벗어나고 싶은 공간도 있다. 좋은 경험의 '첫'을 빚어 보기도 전에 뭉개진 경험이 많은 장소. 작가에 의하면, '비집고 들어갔지만 어정쩡하게 서있지도 앉지도 못하는 곳, 나를 계속 툭툭 치고 지나가면서도 미안해하거나 개의치 않는 곳'이 그런 곳이다. '장소가 의미 있으려면 소속감을 느끼고 나를 인정받는 곳이어야 한다. 소속감을 느끼려면 동료가 있어야 한다. 나의 부엌에는 그런 것이 없었기에 끔찍한 고립의 장소였고, 거기서의 경험은 나누거나 전승할 수 있는 경험이 아니라 신세 한탄이 될 뿐이었다.' 책의 목차에 나온 장소 이외에도 여자들이 살아가는 장소는 많다. 따라서 참여자 각자가 생각하는 장소와 의미도 함께 나눌 수 있는 이야깃거리를 제공해 줄 수 있는 도서여서 본 세션을 위해 선정했다.

3) 관련 활동

① 한 주간의 나눔

이번 세션의 나눔은 한 주간 머물렀던 공간에서 느꼈던 감정이나 생각을 떠올린 후, 이야기를 할 수 있게 해본다. 이는 공간에 대한 자기탐색을 이루고자 하는 주제와도 연결된 것이다. 한 주간 어떤 공간에서 어느 정도의 시간을 보냈고, 공간마다 있었던 다양한 기억을 떠올리게 해보자. 특히 가장 의미 있는 사건이나 기억과 감정을 나누며, 예전에도 그와 같은 기억이 있었는지 떠올려 보게 하자.

② 공간의 기억 - 9분할법 응용

9분할 통합 회화법은 일본의 아이치 의과 대학 심리학과 교수인 모리타니가, 복잡하게 얽혀 하나로 정리할 수 없는 다양한 이미지를 가능한 통합적이고 포괄적으로 표현하기 위해 제안한 투사적 심리검사 기법이다.[59] 이 세션에서는 9분할 통합을 응용해 그림이 아닌 글씨를 적게 했다. 도화지에 테두리를 친 뒤 화면을 3x3으로 9분할하고 각 칸에 그림을 그리도록 하는 방법이다. 공간이 축소되기 때문에 그림, 문자, 기호와 같은 함축적 상징으로 표현되기도 한다. 공간과 시간의 요소가 한 장의 종이에 자유연상 되는 것이다. 치료사는 실시에 앞서 참여자가 편안한 분위기에서 활동할 수 있도록 해주어 감정에 집중하고 회상을 할 수 있도록 돕는다. 준비가 되면 "오른쪽 밑 칸부터 시계반대 방향으로 오른쪽 밑 칸을 향하여 순서대로 떠오르는 생각을 적어 주세요. 반대로 중심에서 시계방향으로 그려도 좋습니다. 한 칸에 하나의 공간을 떠올리고 그 공간 속에서의 기억을 적습니다."라고 지시를 한다. 큰 백지라면 문자를 적어 넣는 것에 저항이 생기지만 면을 작게 구조화해 두면 메모를 적는 것과 같이 저항 없이 가볍게 그 느낌을 적을 수 있다. 9칸 모두 쓰지 못해도 된다는 점을 미리 알려주고, 지시사항을 이행한 후에는 각 칸마다 주제-감정-시기를 적을 수 있게 한다. 모두 기록한 후, 치료사는 참여자들에게 "전체를 보면 어떤 주제가 생각나나요?"라고 질문을 해서 참여자가 자신이 적은 것을 보며 전체적인 주제와 각자가 느끼는 문제를 찾아보게 한다. 연상의 첫 부분은 이후 기록한 내용에 영향을 끼치기 쉽다. 그림의 중앙 (처음이거나 마지막인 영역)도 마찬가지로 중요하다. 상징에 담긴 언어 표현을 발표할 때는 참여자의 정서적 내용을 공감하고 집단원들과 공유할 수 있도록 하는 것이 중요하다.

---

59) 천은우. 2015. 『성인내담자의 9분할 통합 회화법에 나타난 아동기 외상과 초기부적응도식』. 석사학위논문. 영남대학교 환경보건대학원 미술치료학과. p. 16.

9분할 통합법

내가 속한 공간에 대해 느낌이나 생각을 떠오르는 대로 적어보세요.

한 칸에 공간 하나를 정해 기억을 저장합니다.

1	2	3
4	5	6
7	8	9

1) 세부목표 : 욕구 담기

무기력한 우울이라면 무엇을 하기 위해 마음먹는다는 것부터가 어려울 수 있다. 내게 어떤 욕구가 있는지도 생각 못한 채 눈을 떴으니 하루를 어떻게든 보내다가 다시 잠이 드는 나날을 보낸다면 더욱 그럴 수 있다. 하지만 그런 날이 365일 계속되는 것은 아닐 것이다. 따라서 반복되는 우울의 사이사이 마음먹기가 가능한 시간, 어떤 마음을 먹고 싶은지 생각해 보는 시간으로 세션을 구성했다. 가능한 생각나는 많은 욕구를 표현하고 메뉴판을 짜고 레시피를 써 보면서 내 안의 욕구를 만나는 시간이 되었으면 한다. 먼저 한 주간의 나눔을 하고, 선정 자료를 읽으며 마음먹기에 대한 집단 상호작용을 해보자. 소화한 마음과 얹힌 마음이 있는지 돌아보고, 관련 활동을 하면서 참여자의 욕구가 잘 담길 수 있도록 한다.

2) 문학작품

도서 : 마음먹기 / 자현 글, 차영경 그림 / 달그림 / 2020

주인공 '마음이'는 우리의 마음이다. 마음이의 눈으로 바라보는 사람들은 마음을 도무지 가만히 내버려두지 않는다. 어떤 날은 마음을 마구 두드리고, 어떤 날은 마음을 뒤집고, 마음을 들들 볶다가 뒤섞고 바싹 졸이기도 하고, 돌돌 꼬았다 풀고, 뜨겁게 데우는가 하면 차갑게 얼리기도 하고, 때로는 실수해서 마음을 새카맣게 태워 요리를 망치기도 한다. 그럴 땐 미련 없이 버리고 새로 하면 된단다. 이렇게 매일매일, 매순간마다 지치고 힘들게 마음을 요리한다. 이렇게 완성한 마음을 먹어보라고 한다.

'어떤 마음을 먹느냐에 따라 세상사는 맛이 달라진대요.'라면서. 어떤 사람은 마음먹은 대로 멋지게 요리해서 예쁜 그릇에 담아내기도 하겠고, 누군가는 마음먹은 것과는 달리 어설픈 요리가 되어 그릇에 담아낼지도 모른다. 반면에 새카맣게 태웠기에 먹을 수 없어 버려지는 마음도 있을 것이다. 때론 어떤 마음도 먹기 힘들어 요리를 시작하지 않을 수도 있다. 누군가는 마음먹기 나름이라고 하는 것처럼 무엇이든 해낼 수 있을 것이다. '마음먹다'는 말은 결국 내 생각으로 결정하고 의지를 가지고 행동하겠다는 표현일 수 있다. 쉬운 일은 아니지만 내가 마음을 어떻게 먹느냐에 따라 그날 하루의 기분이 달라지고 일의 결과가 바뀌기도 한다. "오늘은 어떤 마음을 먹었나요?"라며 던지는 마음이의 물음에 답하며 나의 하루가 달라질 상상을 해보는 것도 의미 있는 시간이 될 것이다. 두렵고 걱정되는 일, 힘들고 어려운 일도 즐겁고 재미있다고 생각하면 한결 가볍게 마음을 소화해낼 수 있게 되기를 바란다.

3) 관련 활동

① 한 주간의 나눔

한 주간의 시간을 회상하며 일상을 나누는 것도 좋지만 이번 세션에서는 가능하면 최근 내 의지에 따라 마음먹은 일이 있는지 확인한다. 마음먹은 것들 중에서 잘 소화시킨 마음과 그렇지 못한 마음이 있는지 생각해 보게 하고, 그 가운데 하나를 선택해서 나눌 수 있게 하여 자연스럽게 주제와 연결한다.

② 마음 메뉴판, 레시피

『하버드 감정 수업』[60]이라는 책에 따르면, 감정이 균형을 이룰 때 에너지가 샘솟는다고 한다. 감정이 균형을 잃으면 매사에 부정적일 수 있고, 감정이 생각을 만들고, 생각이 행동을 결정한다고 한다. 따라서 상황에 따라 감정도 바뀌어야 한다. 나쁜 감

---

60) 쉬셴장 지음, 송은진 옮김. 2019. 『하버드 감정 수업』. 서울: 와이즈맵. pp.14-29.

정 에너지를 배출하고, 부정적인 감정을 인정하며 긍정적 사고로 전환하기 위해서 자기격려, 암시 언어 사용, 타인의 도움 등 다양한 방법을 시도할 필요에 대해서도 이야기 한다.

　'마음 메뉴판, 레시피' 활동은 책의 메뉴판을 활동지로 이용하여 내 마음의 균형감을 위해 필요한 것이 무엇인지 생각해 본 다음, 그것을 메뉴판에 담고 레시피를 통해 나쁜 감정을 배출하기 위한 마음 요리를 만들어 보는 것이다. 이때 레시피에는 눈물한 방이 담길 수 있고, 펄펄 끓인 분노를 조각내어 넣을 수도 있다. 내 마음 속 인기 절정 메뉴로부터 시도 때도 없는, 별난, 기특한, 토닥토닥 등의 다양한 나만의 메뉴를 만들다 보면, 내게 있는 어떤 욕구들이 메뉴판에 담겼는지 확인할 수 있을 것이다.

마음 메뉴판

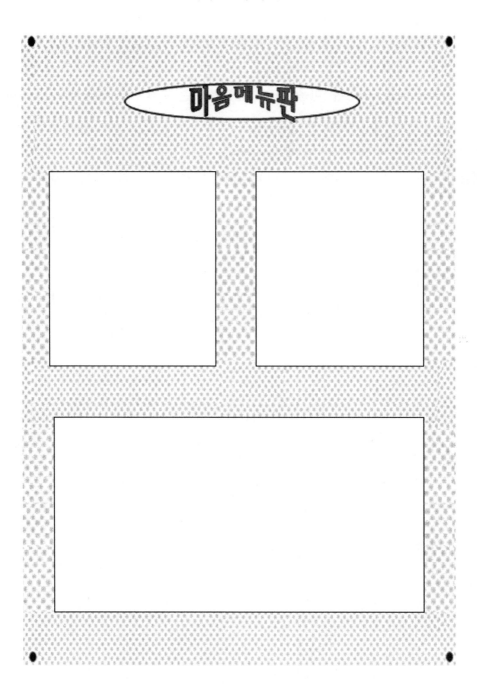

| 관련 활동 4-2 |

나만의 레시피

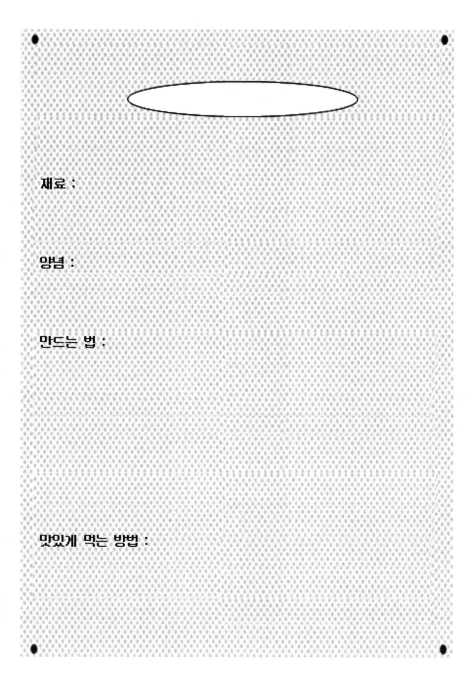

재료 :

양념 :

만드는 법 :

맛있게 먹는 방법 :

1) 세부목표 : 과거의 나

우리 안의 다양한 감정 가운데 부정적인 것들이 그림자로 나타난다. 누구에게나 그림자는 있으며 빛으로 인해 생겨나는 것이 그림자이기도 하다. 빛과의 비교에서 생겨나고, 속의 형태를 알 수 없기에 그림자가 불안으로 자리하면 병적인 모습으로 나타난다. 따라서 오래된 기억과 관계한 무의식의 불안을 과거로부터 소환해서 마주하게 하는 것이 이번 세션의 목표다. 앞 세션들에서 삶의 파노라마나 9분할 통합을 통해 탐색한 우울의 원인이나 시작점을 수면 위로 떠올리는 것이 이전보다는 조금 쉬워졌을 것이다. 한 주간의 나눔에서 생각 열기로 그림자에 대한 감정 나눔을 하고, 선정한 문학작품을 읽어 본다. 무의식에 가둬진 그림자가 과거에서 현재로 소환되는 때는 언제인지 떠올려 보고, 마주하는 시간을 가질 수 있도록 발문을 나눈다. 이후, 과거의 그림자에 색을 입히는 마음으로 컬러링 활동을 한다. 이때 치료사는 컬러링 활동을 하면서 집단원 간의 의사소통이 있다면 관찰할 필요가 있고, 각 참여자들의 작품이 완성되면 내용을 들어본 뒤 세션을 정리한다.

2) 문학작품

도서 : 그림자 아이가 울고 있다 / 유범희 글, 홍지혜 그림, 송필환 옮김 / 생각속의집 / 2018

이 책의 그림자 아이는 우리 마음속의 병적인 불안을 상징하며 '외롭고 사랑에 배고픈 어린 시절의 나'를 의미한다. 그림자는(Shadow) 내 안에 감춰진 외로움, 상처, 불안, 수치심 등의 다른 모습이다.

불안은 마음이 편하지 않은 상태이자 정신적 무질서이며, 누군가는 불안한 순간보다 편안한 순간이 더 적을 수도 있다. 불안한 이유는 아주 오래된 기억과 연결되어 있으며, 누군가의 불안은 타인에게는 별것이 아닐 수도 있다. 하지만 내게 불안이 있다고 해서 불행을 느낄 필요는 없다. 왜냐하면 불안은 생존에 필요한 감정이기 때문이다. 다만 어린 시절에 겪은 분리불안의 상처는 무의식 안에 숨어 지내다가 성인이 되어서 불쑥 찾아오기도 하는데, 이때 무의식 안에 숨은 흔하고 익숙한 불안을 만나는 것이 필요하다. 자신을 사랑하는 사람은 불안에 쉽게 휘둘리지 않으며, 자기 자신을 있는 그대로 인정하고, 자신의 그림자 아이를 피하지 않고 마주할 수 있을 때, 우리의 몸과 마음은 더 건강해질 수 있다. 그림자 아이를 무의식에 두고 성인이 되었을 때 대인관계에 어려움이 많고, 불안장애나 공황장애 같은 병적 불안 증상을 겪기 쉽고 때로는 평생 동안 따라다니며 괴롭히는 마음속의 괴물이 되기도 한다. 하지만 피하지 않고 직면해서 잘 공감해주면, 그림자 아이는 희미해져서 결국에는 사라진다. 그러나 그림자가 무조건 숨기거나 없애야 할 대상만은 아니다. 오히려 나의 소중한 일부이기도 하다. 내 안에 그림자 아이가 있다는 것은 단순히 초조해지거나, 불안해지는 것만을 의미하지 않는다. 그것은 아직도 해결되지 못한, 내 안의 상처가 있다는 의미이기도 하다. 불안은 단순히 감정만의 문제가 아니다. 그것은 몸을 통해서도 드러난다. 예를 들면, 특정한 상황에서 갑자기 호흡이 빨라진다거나 식은땀을 흘리고, 어둡고 밀폐된 공간에서는 오래 있지 못한다. 또, 입맛이 떨어지거나 밤에 잠을 설치기도 한다. 만약 이런 증상이 장기간 느껴지면 이것은 나를 보호하라는 긴급 신호이므로 적절한 대처가 필요하다.[61]

 따라서 참여자들이 이 책을 읽으며 과거 나의 어린 시절의 상처와 마주하고, 현재의 부족한 모습도 그대로 수용하여, 불안에서 자신을 돌볼 힘을 갖게 될 수 있기를 바란다.

---

61) 하주원. 2021. 『불안한 마음을 잠재우는 법』. 서울: 빌리버튼.

3) 관련 활동

① 한 주간의 나눔

그림자하면 떠오르는 생각을 자연스럽게 나눈다. 그리고 한 주 동안 생활하면서 만난 그림자가 있는지 생각해 보게 하고 집단원 간에 나눔의 시간을 가진다. 이후 이런 기억이 과거에도 유사하게 반복되었던 부분은 없는지 떠올리게 한다. 과거의 나와 관련된 그림자를 모두 써 보게 하고 그중에 한두 가지를 나눠보는 것도 좋겠다.

② 컬러링 테라피

『컬러의 힘』[62]에서 작가는 컬러가 내 삶을 바꾸는 가장 강력한 언어라고 말한다. 색채 이론과 심리학 분야에서 검증한 연구에 따르면 세상의 모든 색은 힘이 있고 생각, 감정, 신체, 정신, 행동 등 여러 측면에서 우리에게 영향을 미치고 특정한 효과를 발휘한다. 색채가 우리를 흥분시키고 우울하게 하고, 진정시키거나 활력을 찾아주는가 하면 화나게도 행복하게도 만들고, 따뜻하거나 시원한 느낌, 배고픔, 피곤함을 느끼게 한다는 것을 알 수 있다. 숲의 초록은 평화와 고요를, 짙은 회색 하늘은 집안에 가만히 있고 싶어지는 마음을 가지게 하는 것처럼, 색채는 우리의 의식과 무의식에 반응을 불러일으킨다.

이런 색채에는 심리학적 원색으로 불리는 4가지 색이 있다. 신체에 영향을 미치는 빨강, 감정에 영향을 주는 노랑, 지성에 영향을 주는 파랑, 정신과 육체와 감정적 자아의 균형과 조화를 이루는 초록이다. 색채를 통해 감정의 균형을 맞출 수 있고, 색을 매개로 자신의 진짜 모습을 만날 수도 있다. 컬러 테라피는 그림이나 작품에 드러난 색채, 형태에 따라 심리상태를 진단하고 치료하는 아트테라피의 한 분야이다. 색채가 인간의 정서, 심리, 감정과 관계가 있으며 감정과 신체의 상태는 불가분의 관계로 개인의 색채 선호에 따라 현재의 신체, 심리, 성격을 파악 할 수 있다. 또한, 컬러가 지

---

62) 캐런 할러 지음, 안진이 옮김. 2019. 『컬러의 힘』. 서울: 윌북. pp. 26, 72~75, 260, 269.

닌 고유한 색의 에너지와 성질을 이용해 삶의 활력과 건강한 생활을 영위할 수 있도록 심리적 리듬을 조절할 수 있다.[63] 이처럼 색을 칠하는 행위는 정서적 안정을 가져다줄 뿐만 아니라, 어린 시절 색칠공부를 하던 행복했던 순간으로 되돌아가는 느낌을 받게 한다. 이번 세션에서는 컬러가 주는 다양한 긍정의 메시지를 고려해 내 안의 그림자에 색을 입히는 컬러링 테라피를 계획하였다. 도안은 무료다운로드 사이트 등에서 무료로 제공하는 것을 활용하거나, 참여자들에게 선택을 맡겨도 된다. 또한 활동을 세션 시간에 다 끝내지 못할 경우 집에서 마무리할 수 있게 하는 것도 좋다. 다만 색칠한 부분까지에 대해 전체 느낌이나 참여자가 주로 사용한 색채 등에 대한 관찰이 이루어질 수 있게 도와주고 나눔의 시간을 가질 필요가 있다. 다음의 〈활동 예시 5-1〉은 필자가 직접 컬러링을 해본 것이고, 〈관련 활동 5-1〉부터 〈관련 활동 5-3〉까지 제시한 그림은 무료 다운로드 사이트[64]에서 받은 활동 자료이다.

---

63) 김수현. 2018. 『컬러테라피 집단프로그램이 청소년의 정서조절능력에 미치는 효과』. 석사학위논문. 경상대학교 교육대학원 교육심리 및 교육상담 전공. pp. 2-4.

64) 네이버 블로그 조은날. https://blog.naver.com/gcut0302/220446699943

마음대로 무언가를 해보지 못한 과거와 달리 자유롭게 다니며 좋은 것이든 나쁜 것이든 여행을 하며 렌즈와 눈에 담으며 자유로움을 느끼고 싶었던 기억에 색을 입혀 봄.

| 관련 활동 5-2 |

| 관련 활동 5-3 |

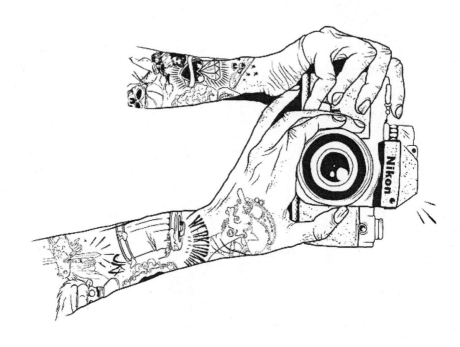

6세션

1) 세부목표 : 현재의 나 – 인식하기

과거의 나와 마주하고 나의 그림자에 색을 입힌 지난 세션에 이어, 그림자로 자리한 나의 과거가 현재 나에게 어떤 영향을 미치고 있는지 인식하게 하는 것이 이번 세션의 목표다.

『다소 곤란한 감정』에서는 야심을 품은 여성에게 여전히 가혹한 사회가 여성을 기회주의자로 몰며 수치심을 안기고, 타인의 감정을 쉽게 측정하는 이들에 대해 이야기하며 자신감을 당신이라는 재료를 쓰레기로 취급했던 지난날에 결별을 고하는 감정이며, 당신이 내버려둔 당신만의 가치를 다시 줍는 감정이라고 정의한다.[65] 지난날을 마주했고, 그것이 현재의 괜찮지 않은 나를 만들었다는 것을 인식하는 것은 다소 곤란한 감정과의 결별일 수 있고, 새로운 자신감을 가지기 위한 출발점이 될 수도 있겠다. 때문에 제대로 현재의 나를 인식하는 일은 중요하다. 한 주간의 나눔을 통해 생각 열기를 하고, 선정 자료를 나누며 발문활동을 진행한다. 참여자 간에 상호작용을 하며 괜찮지 않은 나를 만나고, 많은 괜찮지 않은 나에게 어떻게 감정을 표출하고 해소할 기회를 주었었는지 돌아보게 한다. 표출하지 못한 감정, 표출하고 싶은 감정이 있다면 감정 표출 게임 활동을 통해 감정을 해소할 기회를 제공하는 것이 이번 세션의 목표이다.

---

65) 김신식. 2020. 『다소 곤란한 감정』. 파주: 프시케의 숲. p. 79.

도서 : 나 안 괜찮아 / 실키 글·그림 / 현암사 / 2016

하루에도 수십 번 괜찮지 않은 일들을 만나면서도 괜찮은 척을 했던 것이 습관이 되어버렸는지, 많은 사람들은 안 괜찮다는 말을 잘 내뱉지 못한다. 그래서인지 이 책을 읽다보면 과감하게 표현된 내용에 속이 뻥 뚫리는 느낌이 든다. 듣기 싫은 말, 미운 말, 화를 돋우는 말들만 모아서 하는 그런 사람들에게 "넌 내게 피해를 줘.", "거기까지만 해!", "친해지겠지, 막 대하랬니?", "배우고 싶다, 나도. 네 무례한 태도.", "너에게 내가 별거 아닌 거겠지.", "실례예요!! 괜찮지 않아요!!"라며 툭툭 뱉어내는 것 같은 말들이 정신적 정체 구간을 확 뚫어주는 기분이다. 더불어 타인과 나 사이의 관계를 깨닫는 계기가 될 수도 있으면서, 솔직하게 "난 안 괜찮아."라고 말하는 것이 왜 필요하고 중요한지 깨닫게 될 수도 있을 것이다. 그러므로 책의 내용 중 어느 장면이 나의 마음을 두드리는지, 어느 부분이 사실은 괜찮지 않았던 나를 인식하게 만드는지 찾아보게 하는 것이 좋겠다.

3) 관련 활동

① 한 주간의 나눔

한 주간 동안 "난 안 괜찮아!"라고 말하고 싶은 상황이 있었는지 묻는다. 그 어떤 상황에서 느낀 기분이었는지 떠올리고 당시 그 마음을 어떻게 표출했는지, 했다면 한 것에 대한 감정은 어떤지에 대해 나누는 시간을 가져본다.

② 감정 해소하기 - 감정 표출 게임

『감정 조절의 기술』이라는 책은 제목에서 짐작할 수 있는 바와 같이 화, 두려움, 슬픔과 우울 등의 다양한 감정을 조절하는 기술에 대해 말한다. 그 가운데 '화'는 인종과 문화를 막론하고 사람이면 누구나 느끼는 기본 감정 중 하나로 소개하면서, 격한 감정과 강한 신체 반응까지 나타나기 때문에 적절히 표현하거나, 덜 느끼게 되는 상태로 만드는 법을 배우는 것이 중요하다고 덧붙인다.[66]

　그렇다면 화는 어떻게 풀어야 할까? 우선 신체 이완하기와 행동으로 분노 감정을 표출하고, 화가 날만한 상황을 미리 피하거나 줄이며, 생각 바꾸기 등으로 화를 풀어낼 수 있다. 이 책에서 제시하는 '분노 감정 표출 게임'은 흥미롭다. 게임을 하기 위해서는 '풍선 터트리기'를 비롯해 '신문지 찢기', '낙서', '심호흡', '인형과 격투하기' 등을 적어 놓은 게임 판이 필요하다. 게임에 참여한 사람들은 판을 돌린 뒤 내게 선택된 활동을 실행하게 되는데, '화'를 넘어 다양한 감정을 표출하도록 도울 수 있을 것 같아 선정했다. 다만 우울한 참여자들이라는 점을 고려해 먼저 참여자들이 원하는 감정 표출 방법에 대해 이야기를 나누고, 자신이 원하는 감정 표출 항목을 미리 결정하게 하는 것이 좋을 것이다. 그 뒤 치료사는 준비한 원판에 참여자들이 제시한 감정을 기록한 뒤 게임을 진행하면 된다. 〈활동 예시 6-1〉을 참조하여 〈관련 활동 6-1〉 자료에 내용을 기록한 뒤 활용하기 바란다.

---

66) 방미진. 2012. 『감정 조절의 기술』. 고양: 위즈덤하우스. pp. 24-40.

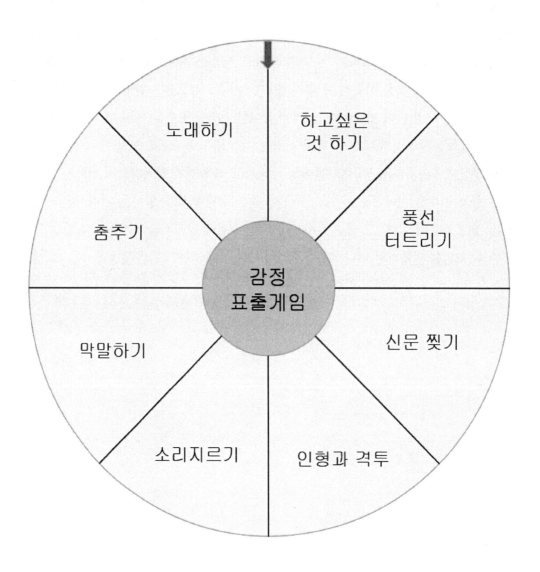

감정 표출 게임

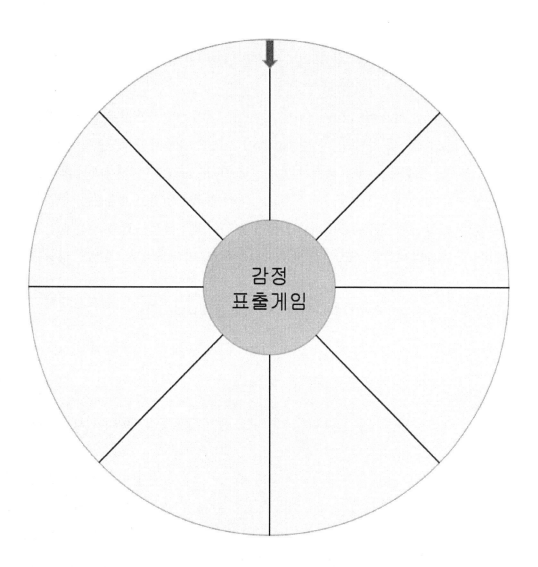

7세션

1) 세부목표 : 현재의 나 – 처방하기

현재의 내 감정이나 상태를 인식했다면 이번 세션에서는 인식한 부분에 대한 처방을 내려 스스로 감정을 치유하도록 해보는 것이 목표다. 나에 대한 측면이라서 잘 모르기도 하지만, 그럼에도 나를 잘 아는 것은 누구보다도 나일 것이다. 나에 대해 꾸준히 관찰해 왔기에, 다양한 상황에서 생겨나는 여러 감정에 알맞은 처방전을 내릴 수 있을 것이다. 최소한 어떤 처방을 하면 기분이 좀 나아질지 생각을 할 수 있는 시간일 것이다. 한 주간의 나눔을 하고 선정 자료 나눔을 통해, 내가 도망치고 싶었던 상황을 떠올리고 그럴 때 어떻게 했는지, 어떻게 하고 싶은지 생각하게 한다. 내면의 시그널을 무시하지 않고 도망치고 싶은 나에게 알약 처방을 해보자.

2) 문학작품

도서 : 도망치고 싶을 때 읽는 책 / 이시하라 가즈코 글, 이정은 옮김 / 홍익출판사 / 2018

매일 감당해야 하는 일들은 우리를 힘들게 할 수 있다. 문제에 떠밀려 살다보면, '어디로든 가고 싶다'는 생각이 말이 되어 터져 나올 때가 있다. 도망치고 싶은 마음이 쌓이면 병이 되고 방치하면 병이 깊어진다. 이 책은 일, 인간관계, 주어진 책임, 해야 하는 결정, 거절할 수 없는 상황, 걱정과 두려움 등으로부터 도망치고 싶을 때, 일상이 되어버린 불행한 순간들로부터 자유로워지는 방법을 소개해 준다. 도망치고 싶은 마음이 커졌다면 그것은 '그때마다의 현재 시점의 마음'을 무시해온 결과라고 작가는 말한다. 또한, 그때그때의 느낌을 깔아뭉개면서 내 기분을 모른 척 해온 우리가 오늘보다 더 나은 내일을 만들기 위해서는 현재의 마음을 인정하고 돌보며, 현실에 쉼표를 주는 것이 오히려 나를 지키는 일임을 일깨워 준다. 껄끄러운 상대는 도망쳐도 괜찮으며, 혼자서 도저히 할 수 없는 일을 가려내고 내 역할에서의 책임을 제외한 문제에서 도망쳐도 되며, 감정을 숨기지 말고, 쉬고 싶은 나를 인정해 줘도 된다. 누구나 도망칠 수 있는 하루가 필요하다. 타인의 잣대로부터 자유로워지고 '진짜 내 마음'을 인정해 보자. 도망친다는 것은 나를 내팽개치는 것이 아닌 나를 사랑하는 방식이니, 더 이상 참지 않고 지금 도망쳐도 괜찮다는 작가의 조언을 나침반 삼아보는 것도 좋겠다.

3) 관련 활동

① 한 주간의 나눔

현실을 인식하고 난 후 한 주간 동안 도망치고 싶은 때는 없었는지, 그때 내 안에 일어난 감정은 어떤 상태였는지 떠올려, 그중에 한 가지 일화를 나눌 수 있게 한다. 만약 도망을 쳤다면 어디로 갔는지, 그 자리에 머물면서 감정이 깊어졌다면 도망치지 않고 머문 이유가 무엇이었는지에 대해 이야기하게 해본다.

② 도망치고 싶은 나에게 주는 처방전 - 알약 메시지

이 처방전은 도망치고 싶은 내가 도망치지 못하게 하려는 처방이 아니다. 도망치는 방법, 도망쳐도 된다는 격려를 담은 처방이다. 어쩔 수 없는 상황이라면 견디게 하는 처방이라도 괜찮겠다. 습관처럼 "그러면 안 돼, 참자!"와 같은 메시지가 아니도록 주의하자. 참여자 1인당 1-20개 정도의 알약을 나누고, 더 필요하다면 마음껏 쓰게 하자. 하지만, 못 쓴 것은 반납하게 하기 보다는 집으로 돌아가서 생각날 때마다 기록해서 캡슐에 담을 수 있게 하자. 캡슐을 담을 미니 병이나 상자를 준비해서 처방전을 담은 캡슐을 보관할 수 있게 하고, 도망치고 싶은 때, 병 속에서 처방을 하나 열어볼 수 있게 하면 된다. 한 주간 경험을 하고 다음 세션에서 소감을 나누면 좋겠다. 캡슐 편지를 구하지 못하는 경우에는 폭 18mm×길이 70mm의 종이를 준비하고 O링으로 묶어 병에 넣어도 된다. 활동을 위한 자료로 제시한 〈관련 활동 7-1〉을 참고하기 바란다.

▶ 준비물 : 알약캡슐 편지, 미니 병이나 상자, 필기구

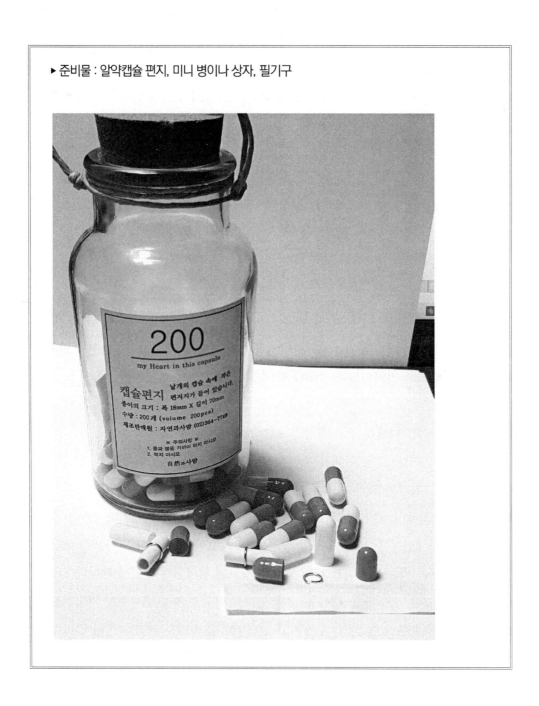

알약 메시지

8세션

1) 세부목표 : 현재의 나 – 위로하기

　지난 세션에는 과거로부터의 영향으로 현재의 내가 어떤 상태인지 인식하고, 도망치고 싶을 만큼 곤란한 감정들에 대해서는 스스로 처방전도 써 보았다. 따라서 이번 세션에서는 현재의 나를 위로하는 시간을 계획하였다. 7세션을 지나오면서 어떤 날은 눈을 뜨고 준비해서 프로그램에 참여하는 것이 힘겨웠을 수도 있고, 많은 갈등이 있었을 지도 모르겠다. 어쩌면 그나마 이 시간이 다른 참여자들을 만나며 편안한 수다를 나누고 불안을 떨칠 수 있는 치유의 시간일 수도 있었을 것이다. 어느 쪽이든 자신을 위한 시간을 갖는 노력은 에너지를 쏟는 일이다. 언어나 몸짓, 생각으로 나를 위로하는 것도 습관이 될 정도의 자연스러움이 되기까지 많은 연습이 필요하다. 먼저 한 주간의 나눔을 하고, 선정 자료를 나눈다. 책 속의 영화를 보았다면 이야기가 쉬울 수 있다. 혹여 영화를 좋아하지 않는 참여자라면 드라마나 책을 통한 감정이입 장면을 가지고 이야기를 나누어도 좋겠다. 참여자들의 영화 같은 삶의 이야기를 나누고 나에게 주는 선물활동으로 스트링아트를 완성해 본다. 망치를 사용하고 실을 돌리며 몸을 쓰는 작업을 해서 완성한 작품과 더불어 성취감을 선물 받는 위로의 시간이 될 것이다.

2) 문학작품

　도서 : 삶의 어느 순간은 영화 같아서 / 이미화 지음 / 인디고(글담) / 2020

　'온 힘을 다해 뛰어도 여전히 나밖에 될 수 없음을 깨달았을 때 우리는 무엇을 해야 하는가?'라는 물음을 가진 최혜진 작가는, 이 책의 서문 추천의 글에서 '할 수 없음을 받아들이는 방법'이 답이 될 수 있고, 그것이 이 책 속에 있다고 한다. 소개된 영화를 보면서 스스로 의미를 부여하고 서툴고 초라한 시간을 자기 서사로 만들게 되면 그것이 바로 우리 삶의 영화 같은 순간이 되는 것이라고 말이다. 이 책에는 작가의 인생 터닝 포인트마다 느리지만 단단하게 성장하는 체험이, 주저앉아 울고 싶을 때마다 다시 일어나게 해준 27편의 인생 영화와 함께 소개되어 있다.

울면서 다시 일어날 용기를 주는 1관의 영화로 '걷기왕'을 소개하며 강해지지 않더라도 무리하지 않고 오래오래 나약한 채로 있어도 된다는 자신의 울림을 담아냈고, '무엇이 되지 않더라도'의 2관에서는 '인사이드 아웃'을 소개하면서 낮은 온도에서 천천히 우러나는 냉침 밀크 티 같은 글을 쭉 쓰겠다는 의지를 담아냈다. 3관 '인생에도 치트키[67]가 있다면'에서는 '런치 박스'에서 잘못된 기차를 타더라도 목적지까지 데려다 준다는 기대감과 더불어 외로움이 접촉의 부재가 아닌 대화의 부재로 생겨나는 감정이라고 말한다. 4관에서는 '거짓말쟁이의 해피엔딩'으로 '포레스트 검프', '원더풀 라이프'를 마지막 5관에서는 '열심만으로는 안 되는 일'을 주제로 한 '소공녀', '태풍이 지나가고', '찬실이는 복도 많지'를 소개하고 있다.

'단 하나의 기억만을 선택해야 한다면 우리에게 가장 소중한 기억은 무엇일까?'에 대한 답을 찾아가면서 우리의 삶에도 어느 순간은 영화 같은 일이 있으며 열심만으로 안 되는 일도 있다는 것을 생각해 보면 좋겠다. 우리에게도 평범하지 않은 능력이 하나쯤 있을지도 모르고 또 없다면 어떤가. 서툴고 초라해도 계속 걸어가려는 마음만 가지고 있다면, 삶 속에서 언젠가 '영화 같은 순간'을 만날 수 있을 거라는 작가의 말에 한 번쯤 의미를 더해보는 것도 좋겠다는 생각이이 든다. 소개된 영화나 본 영화, 드라마 중 기억하는 것에 대한 이야기를 통해 나를 위로하는 시간이 될 수 있을 것이다.

---

67) 모든 사람들이 게임을 클리어 할 수 있게 해주는 마법의 명령어, '치트코드'라고도 한다.

3) 관련 활동

① 한 주간의 나눔

한 주간 동안 캡슐을 몇 개나 꺼내보았는지 질문하고 나눔의 시간을 갖는다. 어떤 상황에서 캡슐 처방전을 꺼내보았는지, 처방전대로 실행했는지도 나눈다. 처방전대로 실행하지 못했다면 이유가 있는지, 다른 캡슐을 열어 실행한 경우는 없었는지 등도 확인하고, 실행에 옮겼다면 기분은 어떠했는지 물어보자. 실행을 해서 기분이 나아진 사람은 그런대로 캡슐을 뽑을 일이 있었던 나에게, 실행을 하지 못해 기분이 저조한 참여자는 또 그대로 위로가 필요한 시간이었을 것이다. 이번 세션을 통해 자신을 위로하는 시간이 되기를 바라는 주제 열기로 나눔을 마친다.

② 나에게 주는 선물 - 스트링 아트

스트링 아트(String Art)란 '선(String)'을 사용하는 예술 영역의 활동이다. '일정한 규칙'에 따라 '직선'을 그어주면 그 직선들의 접점이 모여서 '곡선'을 이루어내는 원리를 활용한 것으로, 간단한 직선만을 이용하여 여러 가지 모양을 만들어 내는 것을 말한다.[68] 추상적인 선과 달리 스트링은 선의 구상화 표현 형태이며 실, 현 등의 의미를 가지는 직관적인 시각전달의 언어라고 할 수 있다. 선에는 정서가 담겨 있으며 선의 길이에는 시간이나 속도를 표현할 수도 있다. 직선은 깔끔하고 정직한 느낌을 준다. 그중 수직선은 명확하고 확고한 느낌을, 수평선은 섬세하고 평온하며 안정된 느낌을 가진다. 사선은 생동감, 속도, 방향의 표시를 가능하게 한다.[69] 실 하나에도 이렇게 많은 의미가 담긴다. 실이 가지는 색깔을 비롯한 다양성이 각각의 의미를 가지듯 사람도 저마다 자신만의 특성이 있다. 실을 이용해 선을 만들고 그 선을 통해 내 개성과 심리를 담아 스트링 아트 작품을 완성해 가면서, 내가 가진 선으로 표현한 것을 통해 나의 심리내면을 들여다보는 시간이 될 것이다. 또한, 나무판에 원하는 모양을 그리

---

68) 네이버 블로그 밀감여왕. https://blog.naver.com/bkmilgam/222328649011

69) 김로. 2017. 『스트링(String)을 활용한 선의 시각화 표현 연구』. 석사학위논문. 홍익대학교 대학원 메타디자인학부 시각디자인. pp. 10-14.

고 망치로 못을 박고 원하는 색으로 선을 만드는 과정을 지나 완성된 작품을 보면서 성취감도 선물 받게 되기를 바란다.

스트링 아트를 하기 위해서는 준비할 게 있다. 쉽게 활용할 수 있는 DIY도 있지만, 내가 원하는 모양이나 그림을 그릴 수 있게 나무판을 따로 구입하길 권한다. 그림을 그릴 때는 종이에 그리거나 나무에 직접 단순화해서 그릴 수 있게 안내하고, 1-1.5cm 간격으로 점을 찍은 후 못을 박게 한다. 치료사는 50여 가지 색실을 준비하고, 사전 안내에 따라 원하는 색실을 가져온 참여자는 본인의 실을 사용하도록 한다. 중간 중간 실이 풀리는 것을 방지하기 위해 못에 한 번 더 감고 넘어갈 수 있게 하면 좋다. 완성품에 색을 칠하거나 내게 보내는 응원의 글을 써도 좋겠다.

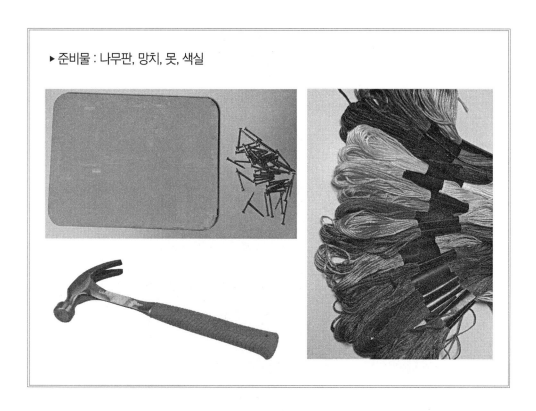

▸ 준비물 : 나무판, 망치, 못, 색실

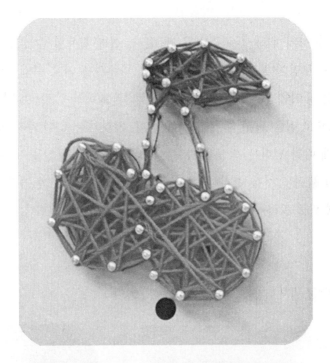

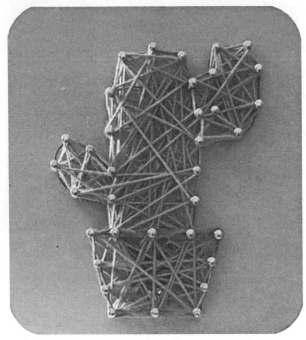

9세션

1) 세부목표 : 터닝 포인트(turning point)

터닝 포인트는 어떤 상황이 다른 방향이나 상태로 바뀌게 되는 시기를 의미하는 말이다. 평소에 실천하는 가치관과 삶의 방식 또는 자신이 갖고 있는 생각들이 비효율적이고 어리석은 방향일 수도 있기에 이러한 인생의 터닝 포인트를 맞이하는 것은 중요한 일이다. 사전적 의미로는 경기의 승패를 좌우하는 분기점을 뜻하는 말로 전환시점으로 해석될 수 있다.[70] 때문에 미래로 나아가기 위해서 터닝 포인트가 필요하다. 그러기 위해서 잠시 멈춰 생각할 시간을 갖는 것도 좋겠다. 많은 기억의 파편에 왜곡되어 있거나 막연하게 생각했던 것들을 있는 그대로, 개관적인 사실로 보고 판단하는 시간이 필요하다고 여겨 이번 세션을 계획했다. 한 주간의 나눔을 하며 막연한 상상에 사로잡혀 불안을 가중시키진 않았는지 살펴보고, 선정 자료로 상호작용을 하면서 잘못된 미래에 대한 상상에서 벗어나는 생각하기 연습도 해보자. 책 속의 대차대조표를 응용해서 내 생활의 대차대조표를 써 보고 발표한다. 좋은 점과 나쁜 점이 객관적으로 정리되었는지 참여자들과 나눔의 시간을 가지는 것도 의미가 있을 것이다. 누군가의 나쁜 점이 다른 누군가에게는 좋은 점이 될 수도 있다면, 그것은 사실을 벗어나 주관적일 가능성이 매우 높기에 상호작용 안에서 오류를 고쳐나가는 것도 도움이 될 것이다.

2) 문학작품

도서 : 잠시, 생각할 시간이 필요해 / 최환석 지음 / 멘토르 / 2018

---

70) 네이버 블로그 vosne-romanee. http://blog.naver.com/PostView.nhn?blogId=vosne-romanee&logNo=222200299608

모든 사람들에게는 '잠시, 생각할 시간'이 필요한 날들이 있다. 무력감과 절망에 빠져 아무것도 하기 싫은 날도 그런 날 중 하나일 것이다. 행복한 길 대신 불행한 길을 택하거나 불행을 반복하는 길을 습관처럼 가는 사람에게 '잠시, 생각할 시간'은 우리를 행복의 길로 내딛도록 도울 것이라고 말하는 저자의 말에 용기를 내 보면 어떨까? 타인의 부정적 평가에 민감하게 '반응'하지 말고, '막연한 상상'도 멈추고, '감정의 무한루프'에 빠져 침체된 상태에서도 잠시 생각할 시간을 가져 보자. 문제없는 인생도, 고통 없는 세상도 없다. 늘 예기치 못한 일들이 우리 주위에 생기고 상처로 남기도 한다. 디스크 환자 중에 디스크에 집중하지 않고 주변의 근육을 키워 수술을 하지 않고 무리 없이 생활하는 모습을 본 적이 있다. 생각의 근육을 단련시키는 것은, 디스크 치료에만 집착하기보다 걸으며 다른 근육을 단련시켜 가는 것과 같지 않을까 하는 생각을 해본다. 중요한 것은 '상처 이후의 성장'이다. 세상에서 가장 먼 거리는 '머리에서 가슴까지'의 거리라고 한다. 반대로 가슴에서 머리까지도 같지 않을까? 감정이 기억을 꾸며내지 않도록 주의하며, 무력감이나 불행한 과거의 기억, 잘못된 미래 상상에서 벗어나는 생각을 연습해보자. 잠시, 생각할 시간을 통해 터닝 포인트를 찾아보자.

3) 관련 활동

① 한 주간의 나눔

평소와 달리 앞으로 바꾸기를 바라는 생각이나 습관, 행동이 있는지 묻고 상호작용한다. 이후 그것을 위해 어떤 노력을 해봤는지, 그럼에도 왜 바뀌지 않았는지 들어본다. 한 주간 동안 살아온 나에 대한 이야기를 하며 나는 느낌과 사실 중 어떤 부분에 대해 더 집중해서 말하고 있는지 살펴보게 한다. 이런 사전 탐색은 이후의 활동에 도움이 될 것이다.

② 생각 뒤집어보기 - 00의 대차대조표

로빈슨 크루소의 대차대조표를 이용해 참여자들이 '느낌'보다는 '분명한 사실'을 직시하는 태도를 가지기를 원해 나만의 대차대조표를 적어볼 수 있게 계획했다. 로빈슨은 표류한지 1년 반이 지날 즈음 자신이 처한 현실에 대한 객관적 분석과 평가를 위한 대차대조표를 쓴다. 이와 같은 그의 노력은 행복은 상대적인 것임을 깨닫고 자기 앞에 놓인 삶을 있는 그대로 볼 수 있게 해주어, 결국 로빈슨이 28년 동안 무인도에서 살아낼 수 있는 힘을 주었다.

　우울감에 빠진 사람에게 긍정을 억지로 보게 하는 것은 도움이 안 된다. 행복감 측정을 위해 심리학자들은 〈봄의 제전〉이라는 곡을 골라 1번 그룹은 편안하게 듣도록 하고, 2번 그룹은 의식적으로 행복감을 느끼려는 노력을 하면서 듣도록 한 실험을 했다. 그랬더니 2번 그룹은 기분이 더욱 나빠졌다고 한다. 이 실험 결과[71]에서도 입증이 된 것처럼 의식적으로 행복감을 느끼고자 애썼던 집단의 기분 상태는 더 나빠진다는 것을 알 수 있다. 따라서 분명한 사실을 인정하고 객관적 사실 중 긍정적인 생각에 먹이를 주어 그 생각을 키우고 확장하는 것은 중요하다.

〈표〉 로빈슨 크루소의 대차대조표[72]

나쁜 점	좋은 점
* 나는 외딴 무인도에 표류했다. * 세상에 오직 나 홀로 동떨어져 비참한 생활을 하고 있다. * 먹을 음식도 매우 부족하고 안전한 집도 없다. * 입을 옷이 없다. * 살기 위해 매일 힘겨운 노동을 하면 신경을 곤두세운 채 살고 있다. * 나는 사나운 짐승들로부터 내 몸을 지킬 힘도 없고 무기도 없다.	* 다른 조난자들처럼 생명을 잃진 않았다. * 나는 신의 보호를 받은 행운아였으며, 신은 결국 이 상황에서도 나를 구출해 줄 것이다. * 먹을 물과 음식을 구할 수 있고 지금은 어느 정도 저장도 해놓은 상태다. * 옷을 입을 필요가 거의 없는 열대지방에 있다. * 사막이나 자갈밭에서 굶어 죽는 것에 비하면 다행이고 행복한 상황이다. * 이 섬에서 나는 사나운 짐승을 보지 못했다. 만약 굶주린 짐승이 우글거리는 아프리카 해안에 도착했다면 어땠을까?

---

71) 최환석 지음. 2018. 『잠시, 생각할 시간이 필요해』. 고양: 멘토르. p. 154.

72) 최환석 지음. 2018. 앞의 책 pp. 155-156.

OO이의 대차대조표

나쁜 점	좋은 점

10세션

1) 세부목표 : 미래를 위한 준비

터닝 포인트를 돌아 이번 세션에서는 달라질 나의 미래를 준비해 보는 시간을 계획하였다. 이전과 달라지기 위해서는 눈에 보이는 변화가 필요하다. 분위기를 바꾸기 위해 이사를 하는 것이 좋을 수 있지만 그것은 쉬운 일이 아니다. 집안 가구 배치를 바꾸거나 새로운 것을 들이거나, 있던 것을 치우는 시각적 변화도 도전해 볼만하다. 시도해볼 다양한 것들이 있겠지만 치료사는 식물을 추천해 보려고 한다. 초록이 주는 편안함이나 컬러를 덧입힌 화려함도 좋지만 무엇보다 물을 주며 식물의 성장을 볼 수 있다는 점에서 의미가 있기 때문이다. 부디 참여자들이 각자에게 맞는 식물을 찾게 되면 좋겠다. 다만, 이미 식물을 한 번쯤 키워봤을 상황이 있을 수 있고 실패를 거듭해 식물과는 인연이 없다는 사고가 고착되었다면, 식물이 아닌 다른 대상을 선택해도 좋다. 무엇이라도 새롭게 시작한다는 의미를 부여할 수 있는 것이면 좋다. 한 주간의 변화를 나누고 선정 자료로 소통한 후, 스칸디아 모스(scandia moss) 액자에 내가 추천하고 싶은 것을 담아보는 활동을 하고 발표해 본다.

2) 문학작품

도서 : 조금 괴로운 당신에게 식물을 추천합니다 / 임이랑 지음 / 바다 / 2020

이 책에는 식물을 통해 사람과의 상처, 관계 속의 피로를 위로 받은 작가의 마음이 담긴 29편의 글이 실려 있다. 모든 글이 좋은데 그중에서 '조금 괴로운 당신에게 식물을 추천합니다'와 '각자의 속도' 두 편의 글을 중심으로 참여자들과 이야기를 나누려

한다. 식물을 키우기 전 춥고, 음습하고, 고요한 겨울을 좋아했다던 작가는 '식물을 키우는 일은 곧 관심의 문제라는 걸 알았고, 관심을 갖고 길게 바라봐주면 즐겁게 크는 게 바로 식물'이고, 작은 새순을 바라보며 멍 때리는 순간이 '삶의 상처를 치유'하는 시간이라고 말한다. 또한 식물 키우기가 삶을 이어나가기 위한 또 하나의 움직임이었고, 초보 식물러일 당시에는 생명을 틔우고 죽이기를 반복하면서 함께 살아남는 일이 중요하다는 것을 깨달았다고 한다.

신발을 신고 문 밖으로 나가는 일마저 두려워진 순간이 그보다 약하거나 더한 순간이 우리에게 올 때가 있다. 그 순간에 우리는 식물을 선택해 새로운 발걸음을 내딛을 수도 있고, 반려동물이나 또 다른 선택이 있을 수도 있다. 무엇이 되었든 괴로운 나 자신에게 식물을 추천하는 마음으로 다른 것을 선택할 수 있기를 바란다. 여기에 더해 "각자의 속도로 자라나는 식물처럼, 사람도 최선을 다해 자기 자신으로 살아가는 게 가장 중요한 일인 것 같아요. 모두가 달릴 필요는 없어요. 자신에게 맞는 속도를 찾아 움직이거나 멈춰 있어도 괜찮아요."라는 작가가 건네는 말을 받아들이길 바란다. '열심히 키우고 열심히 죽여 봐야 더 잘 키울 수 있다.' 어쩌면 우리 마음도 '섣부른 짐작과 성마른 조치'와 같은 나의 잘못으로 여러 번 죽고 깨어나고를 반복했는지 모르겠다. 그렇지만 또 한 번, '불행으로부터 힘껏 도망갈 수 있기 위해 최선을 다해 식물들과 충만한 시간을 나누고, 일찍 일어나 커튼을 걷어' 보자.

3) 관련 활동

① 한 주간의 나눔

생각 뒤집어보기 활동 후 한 주간 동안 달라진 점이 있는지 변화에 관한 나눔을 한다. 일상의 소소함을 감정과 함께 나누어도 좋다. 미래를 위해 변화를 결심했다면 그것을 위해 준비해야할 것들이 필요할 것이다. 준비를 계획한 것이 있는지도 물어보고 이전에 해 본 것을 함께 나누어도 좋겠다.

② 스칸디아 모스 액자 - 나의 OO에게 OO을 추천합니다

스칸디아 모스는 북유럽에서 자생하는 천연 이끼로, 한정된 지역에서 60년 이상 자란 것을 정해진 기간 동안에만 채취해서 희소성이 높은 식물이다. 이 식물이 사람들에게 인기를 얻게 된 이유는 공기 중의 습기와 먼지를 먹고 살며, 천연염료로 염색하면 인체에 무해한 자연 친화적인 인테리어 소재가 되기 때문이다. 또한 식물을 직접 심고 가꾸는 시간을 줄이고, 쉽게 죽어서 버려야 하는 상황을 피하려는 사람들에게는 여러모로 선택하기 쉬운 식물이기도 하다.

'나의 OO에게 OO을 추천합니다' 활동은 내가 이름 지은 나의 우울에게 추천하고 싶은 무엇인가를 이미지화해서 천연 이끼로 표현하게 하는 것이다. 식물을 원한다면 그 식물이 자란 모습을, 반려동물을 추천하고 싶다면 해당 동물을, 취미를 추천하고 싶다면 그에 해당하는 것을 참여자 각자에 맞게 표현하도록 하면 되는데, 연필이나 그림 도구를 활용해 밑그림을 그린 후 이끼를 색깔에 맞게 붙여도 되고, 이끼를 붙이고 주변을 정리해도 된다. 캔버스 뒷면에 제공된 나무는 〈활동 예시 10-1〉처럼 캔버스에 붙여서 소품으로 이용해도 된다. 완성 후에는 '나의 OO에게 OO을 추천합니다.'라는 추천의 이유를 적어볼 수 있도록 하자.

▶ 준비물 : 면천 캔버스, 색깔별 천연이끼, 파스텔, 목공용 풀, 유성 펜, 그림도구 등

오늘, 지금 행복하기 위해
표정부터 스마일

식물과 친해지고,
맨발로 걷기 시작

멍 때리는 건 하루에 1번만,
나무 가꾸기

11세션

1) 세부목표 : 수용하기

우리가 갖고 있는 감정은 모두 필요한 것들이기 때문에, 감정이 가리키는 방향을 보고 그곳으로 움직이는 일도 중요하다. 김병수 작가는 마음이 아플 때, 내 마음을 지키기 위한 보호법이 필요하고 스스로 응급처치를 할 수 있어야 한다고 말한다. 그리고 '감정을 다스리는 다섯 가지 마음 처방전'[73]을 제시했는데, 관찰하고, 움직이고, 환상에서 벗어나서, 받아들이고, 삶의 가치를 추구하는 것이 그것이다. 심리적 회피나 자기 합리화보다 있는 그대로 인정하고 받아들이는 것은 감정의 에너지 낭비를 막고, 현재의 내 모습을 인정하고 내일의 변화된 나를 만날 수 있게 하는 원동력이다. 이번 세션의 목표인 수용하기(받아들임)을 위해 한 주간의 나눔 후 선정한 문학작품으로 상호작용을 한다. 우울하지만 보통사람인 나를 받아들이는 것, 그것이 이번 세션의 목표이다.

2) 문학작품

도서 : 조금 우울하지만, 보통사람입니다 / 이수연 지음 / 다산북스 / 2018

이 책은 살아가기 위해 입원한 정신병원에서 보낸 3년의 시간을 기록한 우울증 투병기이다. 작가는 들어가는 말에서 본인의 어머니가 한 말인 "너를 이해하고 싶어서 우울증에 관한 글을 찾아봤는데, 어떤 것도 너를 말해주는 책은 없더라."에 용기를 내

---

73) 김병수. 2016. 『감정은 언제나 옳다』. 서울: 샘터.

이 책을 썼다고 밝힌다. 어쩌면 이 말은 참여자 모두에게 가장 이해되는 말일 수도 있다. 우울은 처방이 가능할 만큼 객관적일 수 있지만 어떤 것도 꼭 맞는 내 것과 같은 것은 없을 것이다. 작가는 '우울'이라는 병을 누구에게도 알리지 못하고, 매일 쓴 일기를 통해 우울에 빠진 자신의 마음을 정확히 들여다보고 이해하기 시작했다며, 죽을 힘을 다해 살아내고 있는 이들에게 섣부른 조언이나 충고보다 이해하려고 노력하는 것만으로 위로가 된다고 전한다.

사실 저는 지금도 아픕니다. 거짓말처럼 나아서 희망을 얘기하면 좋겠지만, 지금도 아픈 시간을 보내며 하루의 경계를 넘나들고 있습니다. 그런 제가 쓴 글은 희망과는 거리가 멀 수도 있습니다. 하지만 이런 제 글을 보면서도 분명 공감하는 사람이 있을 거라 생각합니다. 저는 그런 사람들에게 말하고 싶습니다. 행복하지 않아도 살아갈 가치는 있다고. 마음이 아픈 사람에게는 혼자가 아니라는 위로를, 아픈 사람을 주변에 둔 사람에게는 넓은 이해를 줄 수 있는 글이었으면 좋겠습니다.

노력해도 행복해지지 않는 마음의 병을 누구라도 한 번 이상 겪을 수 있다. 사람들 사이에서 웃고 떠들다가도 돌아서면 눈물이 나고, 잘 하던 일도 어느 날에는 포기해 버리고 싶고, 이불을 머리끝까지 뒤집어 쓴 채 꼼짝도 하고 싶지 않은 그런 날도 있다. 그러나 그런 날에도 '오늘 행복하지 않은 나를 조금 받아들이기로' 하면 좋겠다.

3) 관련 활동

① 한 주간의 나눔

한 주간의 일상을 감정 나눔과 함께 이야기 하도록 한다. 그리고 '받아들이다'라는 말이 어떤 의미로 다가오는지 묻고 상호작용을 한다. 달라지기로 한 사소한 결심을 한 이후에 진행되는 이번 세션에서는 그동안 발표를 먼저 하지 않은 참여자가 있다면 순서를 바꿔보게 하는 것도 좋겠다.

② 나의 OO에게 띄우는 편지

편지 형식으로 예의를 갖추어서 나와 분리된 문제, 나의 OO에게 편지를 써 보는 시간이다. 자유롭게 쓰도록 하고, 우울하지만 보통사람이며, 문제가 있어도 불행하지 않고 평범하게 살 수 있다는 받아들임을 격려할 수 있도록 환기하는 것도 좋겠다. 쓰기가 끝나면 발표를 원하는 참여자의 발표를 들어본다. 이어서 편지는 치료사가 걷었다가 마지막 세션에 참여자들에게 배부하여 다시 한 번 읽을 수 있게 한다. 〈관련 활동 11-1〉에 제시한 편지지는 무료 제공 사이트[74]에서 다운로드를 받은 것임을 밝힌다.

---

74) 네이버 블로그 세상의 모든 궁금증. https://blog.naver.com/teen1831/221895061322

나의 ○○에게

1) 세부목표 : 마무리

　　모든 세션을 마무리하는 시간이다. 우울을 비롯한 감정은 우리를 힘들게 하는 것이기도 하지만 우리를 살아 있게 하는 것이기도 하다. 그동안 한 주간의 나눔을 하고, 선정된 문학작품 읽기와 관련 활동을 하면서 우울과 만나는 다른 여러 감정도 들여다볼 수 있었다. 이번 세션에서는 먼저 한 주간의 나눔을 하고, 감정 마주하기와 관련해 알았으면 하는 것들을 정리한다. 이후 전체 세션을 돌아보고 1세션에서 정한 목표를 얼마나 달성했는지 확인하는 시간을 갖는다. 그리고 이번 세션을 위해 선정한 시를 돌아가며 읽고, 발문을 통해 이야기를 나눈다. 끝으로 종이 한 장에 너와 나의 우울에게 돌아가며 한마디씩 글로 남기고 각자 사진으로 담아 저장한다. 마지막으로 지난 세션에 쓴 편지를 낭독하고, 그동안 프로그램에 참여한 소감을 나눈 뒤 프로그램을 종결한다.

2) 문학작품

시 : 나는 나다 / 버지니아 사티어

세상 어느 곳에도 나와 똑같은 사람은 존재하지 않는다.
어느 부분이 나와 비슷한 사람은 있겠으나
나와 완전히 똑같은 사람은 없다.
나로부터 나오는 모든 것은
나 혼자서 선택한 것이므로 진정 나의 것이다.

나는 나에 대한 모든 것을 소유한다.

내 몸과 내 몸이 하는 모든 것,

노여움이나 기쁨, 좌절, 사랑, 실망, 흥분,

내가 느끼는 모든 감정들

내 입과 거기서 나오는 공손하거나 달콤하거나

거칠거나 옳거나 틀린 모든 말들

내 자신과 다른 사람에 대한 나의 모든 행동들

나는 나의 꿈과 희망과 공포심을 소유한다.

나는 나의 모든 업적과 성공, 실패와 잘못을 소유한다.

내가 나 자신을 친절하고 사랑스럽게 대하는 한

나는 용감하고 희망차다.

문제에 대한 해결책을 찾고

내 자신에 대해서도 좀 더 잘 알아낼 수 있을 것이다.

내가 다른 사람에게 어떻게 보이고 들리든, 무엇을 말하고 행동하든,

또 주어진 순간 무엇을 생각하고 느끼건 그 모든 것은 나다.

나는 나의 주인이며 나는 나를 조절할 수 있다.

나는 나이며 나는 괜찮다.

- 버지니아 사티어 『나의 자존심 선언』 중에서

'나는 나'라는 것을 안다면, 나의 존재가 대량 생산된 것이 아닌 특별한 사람이라는 것에 동의하게 될 것이다. 세상 어디에도 나와 같은 사람은 존재하지 않을 것이기 때문이다. 현재의 내 모습 그대로 수용하고 내가 있어야 할 자리를 찾을 수 있길 바란다. 인생은 결과만 중요한 게 아니라, 삶을 살아가는 과정도 중요하다.

3) 관련 활동

① 한 주간의 나눔

일상 속에서 요즘 느끼는 감정들을 자연스럽게 나누게 한다. 마지막 세션까지 온 나에게 한 마디씩 해 보는 것도 좋겠다. 참여자들에게 'number one'이 아닌 'only one'인 자신을 확인하는 나눔의 시간이 되면 좋겠다.

② 세션 돌아보기

감정 마주하기 수업[75]에서는 불안감을 지우려 하면 긍정적 감정도 마비된다고 하고, 슬픔은 결핍의 메시지로 억압이 아닌 허락의 대상, 화는 자기존중감을 지키라는 메시지로, 두려움 또한 회피가 아닌 경청할 대상이라고 말한다. 또한, 학습은 감정을 지배하기에 감정을 피하는 것을 학습했다면 그만큼 내 감정을 알아차리는 것이 어렵다는 것이다. 감정도 육체의 고통만큼 아프기 때문에 반사적으로 피하는 것이 당연할 수 있다.

1세션에서 자신의 우울에 지어준 이름을 갖고 프로그램에 참여한 참여자들은, 각자의 우울을 삶의 전반과 공간에 따라 탐색하고 그럼에도 욕구가 있음을 담아냈다. 5세션에서 8세션까지는 과거의 나에게 남겨진 그림자에 색을 입히고, 현재의 괜찮지 않은 나를 인식하며, 도망치고 싶은 시간에 마주한 자신의 감정에게 처방을 내리고, 스스로를 위로하는 시간도 가졌다. 9세션에서는 미래로 가기 위해 생각을 바꿀 수 있는 기회를, 10세션에서는 미래를 위한 준비를, 11세션에서는 이 모든 과정에 자리했던 나를 있는 그대로 받아들이는 연습을 해보았다. 그리고 드디어 맞이한 마지막 12세션에서는 그동안의 과정을 돌아보며 점검하는 시간을 갖는다.

---

75) 최기홍. 2018. 『아파도 아프다 하지 못하면』. 서울: 사회평론.

③ 목표 확인하기

1세션에서 개인의 우울 정도를 수치화하고 그 수치를 어느 정도 내릴 것인가 각자 목표를 정했었다. 그 목표에 대해 참여자 각자가 달성한 목표 수치를 나누고 만족도를 확인한다. 목표를 이루지 못했다면 원인이 무엇이었는지 스스로 생각해 보게 하고 발표는 자유롭게 하도록 한다. 이루지 못한 부분의 나도 받아들이도록 상호작용할 수 있다.

④ 나와 너의 우울에게

참여자 전원이 한 장의 종이에 전체 프로그램에 참여하면서 갖게 된 생각이나 감정 등을 적도록 한다. 다 적은 후에는 사진으로 찍어 저장하고 함께 읽는다. 이후 지난 시간에 썼던 편지를 소리 내어 읽어 보고, 마지막으로 소감까지 나눈 뒤 프로그램을 종결한다.

노인의 우울증 극복을 돕기 위한
합리적 정서행동
독서치료 프로그램

노인의 우울증 극복을 돕기 위한
합리적 정서행동
독서치료 프로그램

1. 프로그램 목표

미국인의 약 9.5%(1,900만 명 정도)가 만성적인 우울증에 시달리고 있다고 한다. 이 중에서 어린이가 200만이 넘는다. 환자의 기분이 조증과 우울증의 양극단을 오간다고 해서 양극성 질환이라고도 부르는 조울증의 경우 230만을 헤아리며, 젊은 여성의 경우 두 번째, 젊은 남성의 경우 세 번째 사망 원인으로 기록되고 있다. 『정신장애의 진단 기준 및 통계 편람』에 기술된 우울증은 미국은 물론 세계적으로 5세가 넘는 사람들의 주요 장애 원인이다. 개발도상국을 포함한 전 세계에서 우울증은 사망률과 건강한 삶을 누리지 못하고 장애자로 살게 되는 기간 등을 종합적으로 고려한 지표인 질병부담률(disease burden)에서 심장병 다음인 2위를 달리고 있다. 우울증은 전쟁, 암, 에이즈를 모두 합한 것보다 더 오랜 세월을 빼앗는다. 우울증은 알코올 중독에서 심장 질환에 이르는 여러 질병들의 원인이 되며, 정체를 감추고 그런 질병들 뒤에 숨어 있기도 하는데, 그런 경우들까지 고려한다면 우울증은 지상에서 제1의 사망 원인이 될 것이다.[76]

  이런 상황은 우리나라라고 해서 크게 다르지 않은데, 2018년 5월에 보건복지부가 발표한 '2017년 노인실태조사 결과'[77]에 따르면, 21.9%는 우울 증상이 있고 6.7%가 자살을 생각해 본 적이 있으며 그 중 자살을 시도한 응답자는 13.2%로 나타났다. 또한 서울아산병원 정신건강의학과 신용욱 교수 등이 2020년 10월 'scientific reports'[78]에 발표한 연구 결과에 따르면, 2013년도 우울증 유병률은 2-30대에서 2.67%에 그쳤지만 4-50대는 5.73%, 6-70대는 13.87%로 크게 증가했다. 또한 80세 이상의 우울증 유병률은 18.36%였고, 특히 여성의 경우는 75-59세 그룹에서 남성의 경우는 80-84세 그룹에서 우울증 유병률이 높았다. 연구진은 이와 같이 고령층의 우울증 유병률이 높은 것이 보편적 현상이 아니라고 하면서, 단순히 나이가 많음이 아닌 만성적인 건강 문제에 원인이 있다고 보았다. 더불어 우리나라는 지난 수십년 동안 급속한 경제 성장을 거치며 사회문화적 변화가 급격했기 때문에, 노인들이 이런 변화에 적응하는 것도 어려웠을 것이라고 분석했다.

  노인은 어린이, 장애인 등과 함께 다른 계층에 비해 무르고 약하여 사회적으로 보호 및 지원이 필요한 취약 계층으로 분류된다. 따라서 본 프로그램은 국내에서도 유병률이 점차 높아지고 있다는 노인 우울증 환자들이, 문제를 극복하고 여생을 활기차고 행복하게 살아가실 수 있도록 인지행동치료(Cognitive Behavioral Therapies : CBT)의 한 유형인 합리정서행동치료(Rational Emotive Behavior Therapy : REBT) 원리를 접목한 독서치료를 통해 돕는데 목표가 있다.

---

76) 앤드류 솔로몬 지음, 민승남 옮김. 2004. 『한낮의 우울 : 내면의 어두운 그림자 우울에 관한 모든 것』. 서울: 민음사. pp. 38-39.

77) 보건복지부. 2015. 『2017년 노인실태조사 보도 자료』. 세종: 보건복지부 노인정책과. p. 7.

78) 김가은, 조민우, 신용욱. 2020. 앞의 논문. p. 5.

2. 프로그램 구성

본 프로그램은 총 12세션으로 구성되었다. 세션 별 운영은 2시간씩이며, 종합목표를 달성할 수 있는 세부목표를 수립한 뒤 적정 문학작품을 선정했다. 문학작품은 그림책을 위주로 선정해 참여 노인들이 미리 읽어 와야 하는 부담감을 줄이고자 했으며, 세션 내에서 치료사가 읽어드리거나 함께 읽으며 치료적 정보를 파악하는 방법을 꾀하고자 한다. 더불어 관련 활동은 회상 이야기를 주로 하면서 필요 시 활동지 및 일기, 편지 등의 글쓰기, 그림그리기와 만들기 등의 미술, 연극이나 음악 활동을 세부목표, 문학작품과 연계될 수 있도록 선택했다. 이상의 내용을 종합적으로 구성한 세부 프로그램 계획은 다음의 〈표 4〉와 같다.

〈표 4〉 노인의 우울증 극복을 돕기 위한 합리적 정서행동 독서치료 프로그램 계획

세션	세부목표	문학작품	관련 활동
1	마음 열기 및 우울 상태 점검	도서 : 나와 개의 시간	프로그램 소개, 집단 서약서 작성, 자기 소개하기, 우울 상태 점검
2	우울 요인 점검 1 - 상황별 자동적 사고 패턴 확인	검사 도구 : TAT	TAT 그림 카드로 꾸미는 회상 이야기에 담긴 자동적 사고
3	우울 요인 점검 2 - 왜곡된 인지 및 핵심 신념 탐색	노래 : 난 참 바보처럼 살았군요	핵심 신념 속 왜곡된 인지 찾기
4	우울 요인 점검 3 - 억압된 감정 탐색	영상 : 아이 콘택트 45회 - 93세 할머니가 달라진 진짜 이유는?	주요 상황에 따른 억압된 감정 찾기(감정 카드 감추고 꺼내기)
5	우울 요인 점검 4 - 대인관계 및 소외감 탐색	도서 : 비가 올까 봐	단계별로 표현하는 관계와 감정
6	억압된 감정 표출	도서 : 흔들린다	닭과 너구리 전래놀이
7	인지 재구조화 1 - 대안적 사고 모색과 전환	도서 : 다르면 다 가둬!	타당성 검토와 대처 방안 모색
8	인지 재구조화 2 - 내적 자원 형성	도서 : 비에도 지지 않고	숨은 자원 찾아 긍정의 힘 갖기
9	자기조절능력 증진	도서 : 숨을 쉬며 내가 되어요	호흡법 배우기
10	자아존중감 증진	도서 : 천하무적 영자 씨	노인이 되어 얻은 것 콜라주로 표현하기
11	자기효능감 증진	도서 : 뚝딱뚝딱 할머니	나의 7가지 능력 적기
12	긍정적 미래관 형성	시 : 삶을 살지 않은 채로 죽지 않으리라 노래 : 살아야지 / 임재범	지난 이야기들 회상하기, 참여 소감 나누기

1세션

1) 세부목표 : 마음 열기 및 우울 상태 점검

우울의 사전적 의미를 살펴보면 '매우 슬프고 희망이 없다고 느끼는 상태'이며, '근심스럽거나 답답하여 활기가 없음'[79]으로 정의되어 있다. 우울이라는 단어의 어원은 라틴어 동사 'deprivere'인데, 그 뜻은 '무겁게 내리 누르다' 혹은 '밑으로 가라앉는 상태를 일으키는 것'이다. 나아가 Hippocrates가 'melancholia라'는 용어로 우울을 처음 기술한 이래 많은 학자들을 거쳐 Bleuler[80]가 1930년에 처음으로 'depression'을 'melancholia'와 동의어로 사용한 것이 시초이다.

1세션의 세부 목표는 마음 열기와 우울 상태 점검이다. '마음 열기'는 참여 노인들이 프로그램의 목표와 참여 규칙을 정확히 이해하고, 자신에 대한 소개를 통한 개방과 다른 참여 노인들의 이야기에도 귀를 기울이는 등의 수용이 모두 포함된 개념이다. 따라서 고령에 우울증까지 갖고 있어 '근심스럽거나 답답하여 활기가 없는' 상태이며, 모든 것이 낯설 프로그램에 참여한 노인들의 마음을 열기 위해서는 치료사의 경험과 적절한 전략이 필요하다. 따라서 가장 먼저 할 일은 참여 노인들 한 분 한 분을 밝고 친절하게 맞이하는 것이다. 이어서 어떤 프로그램에 참여하게 되신 건지에 대한 안내, 서약서 작성의 이유와 방법도 정확하면서도 차분하게 알려드리는 것 등이다.

노인들이 과거에 대해 회상하는 것은 현재의 자존감을 높여주는 기능을 한다. 과거를

---

79) 국립국어원 표준국어대사전 홈페이지. https://stdict.korean.go.kr/main/main.do

80) Bleuler E. 1930. The physiogenic and psychogenic in schizophrenia. *American Journal of Psychiatry*, 87: 203-211.

회상하는 비율은 상대적으로 나이가 들어감에 따라 증가하고, 노년기에 그 비율이 제일 높게 나타난다. 과거를 돌아보며 의미 있는 한평생을 살았다는 느낌을 갖는 것은 자아통합을 이루는데 도움을 준다. 자아통합을 이루기 위해서는 과거에 일어났던 사건들의 의미를 재구성하고 재해석해야 하는 능동적인 심리적 노력이 필요하다. 과거에 경험했던 부정적인 사건들이나 경험들이 해소되지 않는다면 현재의 만족감에 부정적인 영향을 미칠 것이다. 따라서 과거에 대한 회상을 통해서 지금까지 살아오면서 누적 되어온 부정적인 감정의 응어리들을 풀고, 자신의 지나온 삶을 수용하며, 그 나름대로의 의미를 인정함으로써 현재의 삶을 긍정적으로 수용할 수 있는 자아통합을 이루어야 한다.[81]

집단 회상은 같은 시대를 살아온 집단이 주는 소속감과 집단 내 상호작용을 통해 노인의 사회적 고립감과 외로움을 감소시키는데 더욱 효과적이라는 연구 결과들이 제시되면서, 대부분의 회상치료 선행연구들에서는 개인상담보다 집단상담을 더 선호하고 있다.[82] 그러나 노인들 중에는 강한 불안이나 불신감을 가지고 우울한 상태에 빠져서 화를 잘 내거나 타인과의 교류를 기피하며 고독하게 지내는 경우가 있는데, 이러한 노인들은 공감적인 경청으로 신뢰관계를 쌓고 말하는 사람의 자발성을 존중하면서 회고담을 즐기게 해주는 1:1 개인 회상치료가 유효한 수단이 될 수 있다.[83] 특히, 정신적 외상(trauma)을 가지고 살아온 삶에 굴곡이 많았던 노인들은, 자신의 경험을 뒤돌아보며 회환과 갈등을 상담에서 충분히 다루고 표현하는 시간이 확보되어야 하기 때문에, 개인 회상치료가 더욱 적합하다.

노인들을 대상으로 한 프로그램에서 과거 회상은 필수적 요소일 수밖에 없다. 따라서 본 프로그램에서도 노인들의 우울 극복에 과거 회상이 큰 도움을 줄 것이므로, 세션마다 적절히 활용해 목표를 이룰 수 있기를 바란다.

---

81) 문성희. 2008. 『우울증 노인을 위한 무용프로그램 개발 및 적용』. 석사학위논문. 국민대학교 대학원 공연영상학과. p. 32.

82) O'Laery, E. & Barry, N. 1998. Reminiscence therapy with older adults. *Journal of Social Work Practice*, 12(2): 159-165.

83) 野村豊子. 1998. 『回想法とライフレヴュー －その理論と技法』. 東京: 中央法規出版.

2) 문학작품

도서 : 나와 개의 시간 / 카예 블레그바드 글 · 그림, 위서현 옮김 / 콤마 / 2020

'블랙 독(Black Dog)'과 우울증의 연관성은 기원전 40년경 로마의 서정 시인이었던 'Horace'와 기원전 1세기경 그리스의 웅변가이자 철학가인 'Appollonius'의 시로 거슬러 올라간다. 'Horace'는 우울을 '불투명한 절망과 좌절의 개'로 연관지었으며, 티아나(Tyana)의 'Appollonius'는 전염병의 원인으로 거대한 '검은 개'에 대한 예언을 했다. 그런데 이 은유적인 의미가 널리 알려지게 된 것은 영국의 시인이자 비평가, 수필가이자 사전 편찬자였던 '사무엘 존슨(Samuel Johnson)'이 친구에게 보내는 편지에 "집에서 걱정하는 검은 개를 멀리하기 위해 무엇을 할 것입니까?"라고 적은 뒤부터였다고 한다. 이어서 영국의 정치가이자 저술가, 웅변가였으며 노벨문학상도 수상했던 '윈스턴 처칠(Winston Leonard Spencer Churchill)'도 종종 자신의 우울증을 '검은 개'라고 불렀으며, 『The Light Around the Body』(1967)의 'Melancholia'라는 시에서 'Robert Bly'는 다음과 같이 언급했다고 한다.

"A light seen suddenly in the storm, snow coming from all sides, like flakes of sleep, and myself on the road to the dark barn halfway there, a black dog near me."

(폭풍 속에 갑자기 보이는 빛, 사방에서 다가오는 눈, 잠의 조각처럼, 어두운 헛간으로 가는 길 중간쯤, 내 근처에 있는 검은 개)

1세션의 문학작품으로 선정한 그림책 『나와 개의 시간』은 '검은 개'를 소재로 하고 있다. '이것은 블랙 독과 함께 살아가는 삶에 대한 이야기입니다'(p. 5)로 시작하는 이 그림책은, 우울과 함께 어떻게 살아가야 하는가에 대해 살펴볼 기회를 제공해 줄 것이다. 더불어 '난 오랫동안 내 세상 너머를 볼 수 없었어요. 하지만 한 발짝 물러서서 보니 누구나 자기만의 블랙 독과 함께 살아가고 있다는 게 보이기 시작했습니다.'(p. 46)라는 통찰을 얻기 바라는 마음으로 선정했다.

3) 관련 활동

① 프로그램 소개

프로그램 소개에 대한 측면은 앞서 기술을 했기 때문에 생략한다.

② 집단 서약서 작성

실제로 우울증이 있는 분들이 이 프로그램에 참여를 했다면, 분명 가족이나 의료진들의 권유와 설득이 있었을 것이다. 또한 보호자들과 함께 이동할 가능성도 있기 때문에 별도의 서약서를 작성하지 않아도 될 수 있다. 그럼에도 집단 서약서가 어떤 역할을 갖고 있고 프로그램이 운영되는 동안 어떤 효과를 발휘하는지 알고 있다면, 치료사가 각 항목을 읽어드린 뒤 구두로 동의를 받는 절차라도 필요하다.

③ 자기 소개하기

사실 1세션에서의 자기 소개하기는 집단 참여자들에게 은유나 상징을 활용해 본인을 표현할 수 있는 기회이자, 치료사에게는 그들을 탐색 및 분석할 수 있는 첫 번째 기회이다. 그러나 본 프로그램에 참여할 우울증이 있는 노인 분들에게는 별칭을 짓거나 다른 방식의 자기 소개하기보다는 간단히 본인 성함과 함께 그에 얽힌 이야기 등을 듣는 선에서 마무리 짓는 것이 좋겠다.

④ 우울 상태 점검

본 프로그램의 참여 대상은 우울증이 있는 노인들이다. 따라서 이미 병원에서의 진단과 치료를 받고 있다는 뜻이므로, 그 내용을 확인할 수 있는 서류를 한 통씩 제출받아 확인을 하는 것도 방법이다. 즉, 이 말은 우울 진단을 위한 간단 도구들을 활용해 재점검을 할 필요가 없다는 의미이다. 대신 병원으로부터 건네받은 서류들의 내용을 제대로 확인하고 참여 노인들의 상태를 이해하는 것이 중요하다.

1) 세부목표 : 우울 요인 점검 1 – 상황별 자동적 사고 패턴 확인

성별에 따라, 연령에 따라, 계절이나 날씨에 따라, 처한 상황에 따라 사람들이 우울을 느끼는 요인들은 실로 다양하다. 따라서 우울의 요인을 어느 한 가지로 단정 지을 수 없으며, 본인이 아닌 이상 그 감정을 제대로 이해하기 힘들 수도 있다. 하지만 그 요인이 무엇이든 결과론적으로 우울증이라는 진단을 받았고 때문에 일상생활에서의 어려움도 겪고 있다면, 개개인별 요인을 찾아 조금 더 복합적으로이면서도 깊이 있게 탐색 및 분석을 해볼 필요는 있겠다.

2세션의 세부목표는 우울 요인을 어떤 상황이 발생하면 자동적으로 뒤따르는 부정적 사고 패턴에 두고, 과연 그것이 무엇인지를 탐색하는 것이다. 따라서 참여 노인들이 처해 있을 가정 내 상황(식사 준비, 빨래, 청소 등 가정 내 일과, 부부 관계, 자녀와의 관계, 손자녀와의 관계 등), 가정 외 상황(이웃과의 관계, 노인대학이나 경로당에서 만나는 친구들과의 관계 등)을 사진이나 그림, 영상 등으로 준비해 보여드리고, 이럴 때 어떤 생각이 가장 먼저 드는지 확인해 보고자 한다.

2) 문학작품

① 검사 도구 : TAT

'주제통각검사'라고 불리는 'TAT(Thematic Apperception Test)'는 1935년 하버드(Harvard) 대학교 심리학연구소에서 머레이(Henry Alexander Murray)와 모건(C. D.

Morgan)이 발표한 것으로, 로르샤흐(Rorschach) 검사와 함께 가장 널리 활용되고 있는 투사적 방식의 검사이다. 이 검사는 애매하면서도 분명하지 않은 그림을 피검자에게 보여주고 떠오르는 이야기를 기술하게 하면서, 그에 대한 반응이 어떤가에 대해 분석함으로써 피험자의 욕구나 동기, 기본적 태도와 성격 구조를 파악한다. 이 검사는 프로이트(Sigmund Freud)의 정신분석 이론에 기반을 두고 있는데, 그림을 보고 이야기를 만든 결과 한 인간의 성격 구조를 알 수 있다는 동일화 기제(mechanism of identification)는 것은 다음의 두 가지 측면에서 기인했다.

첫째, 사람들은 애매한 그림이 주어졌을 때 과거의 경험이나 현재의 욕구에 의해 그것을 해석하려는 경향이 있다.

둘째, 이야기를 만드는 사람의 소재는 결국 자신의 경험들이며, 의식적이든 무의식적이든 자신의 감정 요구를 이야기 속에 포함시키게 된다.

이 검사 도구 세트에는 백지 카드를 포함해 총 31장의 그림 카드가 들어 있는데, 뒷면에는 공통 카드인 숫자만 적혀 있는 것과, 성인 남성용 카드(M), 성인 여성용 카드(F), 남자 아이용 카드(B), 여자 아이용 카드(G), 혹은 성인들에게나 아동들에게 쓸 수 있는 카드를 구분할 수 있는 표식이 있다. 따라서 피검자에 따라 카드를 구분해 총 20장으로 만든 뒤, 각 10장씩 나누어 두 번에 걸쳐 검사를 실시하게 되어 있다. 검사가 실시되고 나면 해석을 해야 하는데, 그 방법 또한 다양하다. 다음은 머레이가 여섯 가지로 제시한 해석 방법이다.

첫째, 누가 주인공(hero)이냐? 피검자가 누구와(무엇과) 동일시하고 있느냐?

둘째, 주인공의 욕구, 동기, 감정은 무엇이냐?

셋째, 주인공에게 주는 환경의 압력은 어떠냐?

넷째, 결과가 어떻게 끝났느냐? 성공이냐 실패냐? 행복이냐 불행이냐?

다섯째, 이야기의 주제가 무엇이냐?

여섯째, 흥미의 정도와 어떤 감정을 느꼈느냐?

3) 관련 활동

① TAT 그림 카드로 꾸미는 회상 이야기에 담긴 자동적 사고

이 활동은 TAT 검사 도구에 포함되어 있는 31장의 그림 카드를 활용해, 노인 각자가 마음에 와 닿은 것을 골라 자유롭게 이야기를 떠올릴 수 있게 하는 것이다. 이때 치료사는 노인 참여자들이 가능한 많은 이야기를 할 수 있도록 해야 하며, 그 안에 담겨 나오는 자동적 사고가 어떤 것인지 파악할 필요도 있다. 만약 노인 한 분이 한 장의 카드로 이야기를 하고 난 뒤, 그 카드를 통해 다른 이야기를 떠올린 분이 또 계시다면 자연스럽게 그 분의 이야기를 듣는 것도 괜찮다. 혹은 한 분이 고른 카드에 대한 이야기를 다 들은 뒤 다음 순서로 넘어가는 것도 방법이다. 이런 측면은 집단의 역동에 따라 치료사가 적절히 선택을 하면 되겠다.

1) 세부목표 : 우울 요인 점검 2 - 왜곡된 인지 및 핵심 신념 탐색

2020년에 출간된 책 『나는 왜 네 말이 힘들까』[84]에 다음과 같은 내용이 실려 있다.

제프리 영(Jeffrey E. Young)은 개인의 삶에 도움이 되지 않는 소위 부정적인 핵심 신념이 어린 시절의 채워지지 못한 정서적인 핵심 욕구들로 인해 생긴다고 보았습니다.[중략] 예를 들면, 중요한 사람들과의 애착 욕구(사랑, 돌봄, 보살핌, 수용 등), 무엇을 원하는지 표현하고 감정을 드러내는 자기표현의 욕구, 재미의 욕구, 선택하고 참여하는 자발성의 욕구, 자신을 절제하고 스스로 통제하는 욕구 등이 있습니다.

만약 여러분이 어린 시절에 신체, 성, 정서, 언어적인 학대의 경험이 있었다면, 그리고 그 학대의 정도가 심했을수록 여러분의 마음에도 저와 마찬가지로 이런 핵심 신념이 자리했을지 모르겠습니다. 정도의 차이는 있겠지만 사람들은 저마다의 핵심 신념을 갖고 살아갑니다. 불편하고 거북스러운 이 사실이, 아이러니하게도 우리의 대화를 변화시킬 수 있는 시작입니다. '내게도 어떤 핵심 신념이 있구나. 그 신념이 사람들과의 관계를 단절시킬 수 있고 나의 삶을 고립시킬 수 있었겠구나'라는 생각이 바로 변화의 출발이 됩니다.

우리가 그런 신념의 색안경을 끼고 세상을 보고, 우리 자신을 보고, 상대를 보고, 우리의 미래를 바라보고 있었다는 것을 알게 될 때, 비로소 우리는 색안경을 벗고 자

---

84) 박재연 지음. 2020. 『나는 왜 네 말이 힘들까』. 서울: 한빛라이프. pp. 55-56.

연스러운 눈으로 있는 그대로의 모습을 관찰할 수 있게 되겠지요. 즉, 우리가 지니고 살았던 핵심 신념의 거대한 얼음덩어리는 우리가 그 신념을 알아차리면 천천히 녹여 낼 수 있답니다. [중략]

부정적인 핵심 신념을 다루는 이유는 서로를 판단하기 위해서가 아니라 서로의 다름을 이해하기 위해서입니다. 모두가 다른 삶을 살아왔고 다른 경험과 배움을 지녔으며 그를 통해 다른 신념들을 형성했으니까요. 즉, 옳고 그른 도덕적 판단으로 상대를 대하는 것이 아니라, 삶의 스토리를 통해 그를 이해하기 위해서 배우는 겁니다. 그리고 나 자신을 이해하지 못할 때 몰려오는 답답함을 해소하기 위해서입니다. 나를 아는 것, 그리고 상대를 이해하는 것이 핵심 신념을 다루는 목적입니다.

3세션의 세부목표는 우울 요인 점검 두 번째로 왜곡된 인지 및 핵심 신념을 탐색하는 것이다.

2) 문학작품

노래 : 난 참 바보처럼 살았군요 : KIM · TAE · HWA 앨범 中 / 김도향 작사 · 작곡, 김태화 노래 / NHN벅스 발매 / 1984

이 곡은 작사 및 작곡자인 김도향 씨가 '바보처럼 살았군요'라는 제목으로 먼저 노래까지 불렀는데, 이후 김태화 씨 외 여러 가수들이 다시 불렀다. 그 중에서 3세션을 위해 선정한 곡은 김태화 씨가 부른 버전으로, 〈문학작품 3-1〉에 담은 가사를 보면 흘려버린 세월에 대한 후회로 가득하다. 따라서 이 곡을 통해 분명 성공했던 경험도 많았을 텐데, 자신을 실패자나 패배자라고만 여기는 왜곡된 인지나 핵심 신념을 찾을 수 있도록 돕고자 했다.

3) 관련 활동

① 핵심 신념 속 왜곡된 인지 찾기

이 활동을 위해 노래 제목을 모방해 '난 참 □□처럼 살았군요.'라는 문장을 완성해 보게 하고, 자신을 집약해서 표현한 내용을 통해 핵심 신념은 무엇인지와 더불어 그 안에 왜곡된 인지는 어떤 것이 있는지 찾아볼 수 있겠다.

난 참 바보처럼 살았군요

- 김도향 작사 · 작곡, 김태화 노래 -

어느 날 난 낙엽지는 소리에 갑자기 텅 빈 내 마음을 보았죠

그냥 덧없이 흘려버린 그런 세월을 느낀 거죠

저 떨어지는 낙엽처럼 그렇게 살아버린 내 인생을

우~ 우우우우 우우우 우우우 우우우

잃어버린 것이 아닐까 늦어버린 것이 아닐까

흘려버린 세월을 찾을 수만 있다면

얼마나 좋을까 좋을까

난 참 바보처럼 살았군요 난 참 우예~

난 참 바보처럼 살았군요 우우우 우우우 우우우

잃어버린 것이 아닐까 늦어버린 것이 아닐까

흘려버린 세월을 찾을 수만 있다면

얼마나 좋을까 좋을까

난 참 바보처럼 살았군요

난 참 예에에에 난 참 바보처럼 살았군요 우우우 우우우 우우우

난 참 바보처럼 살았군요 난 참 우예

『KIM · TAE · HWA / NHN벅스 발매 / 1984』

4세션

1) 세부목표 : 우울 요인 점검 2 – 억압된 감정 탐색

2020년 1년 동안 각 방송사에서 방영된 드라마 가운데 내게 가장 인상적이었던 작품은, 조용 극본, 박신우 연출, 김수현·서예지 배우 주연의 「사이코지만 괜찮아」였다. 이 드라마는 tvN에서 방영되었는데, 각자의 상처를 안고 살아가는 정신병동 보호사 강태와 동화작가 문영이 서로의 상처를 보듬고 치유해 가는 이야기였기 때문이다. 그야말로 초반에는 사이코라고 해도 이상하지 않을 것 같은 사람들이, 괜찮다며 서로를 보듬어 주더니 종반에는 모두가 건강한 사람으로 거듭났고 여생도 행복하게 보낼 것 같다는 희망을 심어주며 끝났다.

특별하게도 이 드라마 속에는 여러 편의 동화가 활용되기도 했는데, 그 중 『악몽을 먹고 자란 소년 / 조용 글, 잠산 그림 / 위즈덤하우스 / 2020』에는 이런 내용이 포함되어 있다.

소년은 오늘도 끔찍한 악몽에서 깨어났어요. 잊고 싶은 과거의 나쁜 기억들이 매일 밤마다 꿈속에 다시 나타나서 소년을 계속해서 괴롭혔죠. 잠드는 게 너무나 무서웠던 소년은 어느 날 마녀를 찾아가 애원했어요.

"마녀님, 제발 다시는 악몽을 꾸지 않게 제 머릿속에 든 나쁜 기억을 모두 지워주세요. 그럼 당신이 원하는 걸 뭐든지 드릴게요!"

세월이 흘러 어른이 된 소년은 더 이상 악몽을 꾸지 않았지만 어찌된 일이지 조금도 행복해지지 않았어요. 붉은 보름달이 뜨던 밤, 소원의 대가를 받기 위해 드디어 마녀가 다시 그 앞에 모습을 드러내자 그는 원망어린 목소리로 외쳤어요.

"내 나쁜 기억은 모두 지워졌는데 왜! 왜 난 행복해지지 못한 거죠?"

그러자 마녀는 약속대로 그의 영혼을 거두며 이렇게 말했어요.

"아프고 고통스러웠던 기억, 처절하게 후회했던 기억, 남을 상처주고 또 상처받았던 기억, 버림받고 돌아섰던 기억, 그런 기억들을 가슴 한구석에 품고 살아가는 자만이 더 강해지고, 뜨거워지고, 더 유연해질 수가 있지. 행복은 바로 그런 자만이 쟁취하는 거야. 그러니 잊지 마. 잊지 말고 이겨 내. 이겨 내지 못하면 너는 영혼이 자라지 않는 어린애일 뿐이야."

4세션의 세부목표를 설명하면서 드라마와 그 안에서 활용되었던 동화를 언급한 이유는, 주인공들이 갖고 있는 상처 속에는 억압된 감정 등 많은 것들이 포함되어 있었기 때문이다. 결국 그처럼 억압된 것들은 두 사람이 건강하게 살아내지 못하게 만드는 요인이었고, 따라서 드라마와 동화의 전개와 결말은 그 문제를 해결하는데 초점을 맞추고 있었기 때문에, 본 세션에서도 억압된 감정을 탐색하는 것이 왜 필요하고 중요한지 알 것이다.

2) 문학작품

영상 : 아이 콘택트 45회 – 93세 할머니가 달라진 진짜 이유는? / 전경남 · 임정규 · 서민지 외 연출 / CHANNEL A / 2020년 6월 22일 방송

이 영상은 채널 A에서 2019년 8월 5일부터 매주 수요일 밤 9시 20분부터 방영되고 있는 「아이 콘택트」라는 프로그램 중 일부로, 28년을 함께 살아온 93세 할머니와

손녀의 이야기가 담겨 있다. 93세의 할머니는 자신보다 먼저 세상을 떠난 큰 아들에 대한 그리움 등으로 우울감을 호소하고 있었고, 손녀는 이유도 모른 채 달라진 할머니의 속마음이 궁금해서 함께 출연을 했다고 한다.

4세션을 위해 이 영상을 선택한 이유는 사연은 다르겠지만 그 누구에게도 털어놓지 못해 억압되어 있는 감정들을 표현할 수 있는 계기를 만들고, 더불어 용기도 드리기 위해서이다.

3) 관련 활동

① **주요 상황에 따른 억압된 감정 찾기**(감정 카드 감추고 꺼내기)

이 활동은 2세션 및 3세션과 연결을 지어도 괜찮을 것 같은데, 뇌리에 각인되어 있는 상황들마다 느꼈던 감정들 가운데 속 시원하게 털어놓지 못했던 것들을 탐색하는 데 목적이 있다. 따라서 우선 다양한 감정 단어가 적힌 카드들을 책상 위에 나열해 놓은 뒤, 그동안 드러내지 못했던 것을 골라 주머니 등에 감추어 보게 하는 것이다. 그런 뒤 그 감정들을 다른 사람들이 볼 수 없도록 깊이 숨기고 있을 때와, 그것을 꺼내어 놓고 이야기를 하고 난 뒤에 달라진 점에 대해 노인들 스스로가 느낄 수 있도록 도와 보자.

5세션

1) 세부목표 : 우울 요인 점검 4 – 대인관계 및 소외감 탐색

코로나바이러스감염증-19(COVID-19)이 전 세계적으로 퍼지면서 달라진 현상 중 한 가지는, 가족이든 친구든 직장 동료든 사람들 사이에 적정 거리를 유지할 필요성이 생겼다는 점이다. 따라서 사람들과의 만남을 통해 행복감을 느꼈던 사람들에게는 상당히 힘든 시간들이었겠지만, 반대로 사람들과의 만남이 어려웠던 사람들에게는 오히려 긴장감을 낮출 수 있는 등 심신을 회복하는 기회였을 수도 있다.

상담 치료 장면을 떠나 일상생활에서도 사람들이 가장 어려워하는 문제가 대인관계이다. '내 마음 같지 않다.'라는 관용어야말로 대인관계의 어려움을 간결하면서도 적확하게 표현한 문장이지 않을까 생각하는데, 물론 내 마음을 적극적으로 표현해야겠지만 그럼에도 타인이라는 것 자체가 이미 어느 정도의 벽이 있음을 인정해야 하는 것은 아닌가 싶다.

5세션의 세부목표는 우울 요인 점검 네 번째 시간으로 '대인관계 및 소외감 탐색'이다. 사람은 사회적 동물이기 때문에 대인관계를 아예 맺지 않고 살기는 어렵다. 그러나 '가자니 태산이요, 돌아서자니 숭산'이라는 속담의 의미처럼, 관계를 맺자니 힘들고 혼자서만 살자니 외로운 것도 사실이다. 따라서 이 시간에는 참여 노인들이 그동안 어떤 관계 속에서 소외감 등의 어려움을 겪었는지를 탐색해 보고자 한다.

2) 문학작품

도서 : 비가 올까 봐 / 김지현 글 · 그림 / 달그림 / 2020

> 걱정 없는 인생을 바라지 말고, 걱정에 물들지 않는 연습을 하라.
>
> – 알랭

> 걱정의 40%는 절대 현실에서 일어나지 않는다.
> 걱정의 30%는 이미 일어난 일에 대한 것이다.
> 걱정의 22%는 사소한 고민이다.
> 걱정의 4%는 우리 힘으로 어쩔 도리가 없는 일에 대한 것이다.
> 걱정의 4%는 우리가 바꿔 놓을 수 없는 일에 대한 것이다.
>
> – 어니 J. 젤린스키

5세션을 위해 선정한 문학작품에 대한 소개에 앞서 두 개의 명언을 인용한 이유는, 이 그림책이 '걱정'을 소재로 하고 있기 때문이다. 비가 내리지 않는데도 혹시 올지 모른다는 생각에 항상 우산을 쓰고 다니는 B씨, 사실 우산을 쓴다는 이 행위는 사람에 대한 불안감, 사회에 대한 불안감의 다른 상징이자 본인에게 비를 피하게 해줄 우산이라는 자원이 있음에도, 그것을 제때에 제대로 활용하지 못한다는 측면들을 두루 반영한 것이라 생각된다. 그런데 그런 B씨가 거리를 헤매는 강아지 한 마리를 만나 가족이 되면서 걱정을 조금씩 내려놓게 된다. 삶에 대한 정답이 없다는 것, 내가 행복하면 된다는 명제를 그제야 깨달은 것이다.

그림 검사 중 '빗속의 사람(Person in the Rain)'이라는 것이 있다. 이 검사는 제목 그대로 비가 내리는 와중에 서 있는 사람을 그림으로 그려보게 함으로써, 그 사람이 갖고 있는 스트레스의 강도와 그에 대한 대처 능력을 파악해 보기 위한 것이다. 그런데 만약 피검자가 그린 사람이 우산을 들고 있지 않으면 스트레스 상황에 그대로 노출된 것으로 해석을 한다. 이때도 우산은 피하거나 가려야 하는 비라는 요소에 적절히 대처하게 만들어주는 도구이기 때문이다.

5세션을 위해 이 그림책을 선정한 이유는 주인공 B씨가 비가 내리지 않는 날에도 우산을 쓰는 이유는 결국 모든 관계에서의 어려움 때문이라고 생각했기 때문이다. 따라서 이 그림책을 바탕으로 대인관계 및 소외감에 대한 탐색을 해보기 위해서이다.

3) 관련 활동

① 단계별로 표현하는 관계와 감정

이 활동을 위해서는 투명 비닐우산, 미니(소형) 우산, 대형 장우산이 각각 필요하다. 이 우산들은 대인관계에서 본인의 개방 정도를 파악해 보기 위한 도구로, 투명 비닐우산은 완전히 개방할 수 있음, 미니(소형)우산은 약간 개방할 수 있지만 가리고 싶은 측면도 있음, 대형 장우산은 전혀 개방하고 싶지 않음을 의미한다. 우산이 준비되었다면 다음과 같은 순서로 활동을 해보자.

▶ 노인들의 자리는 서로 얼굴을 볼 수 있는 원형으로 배치하면서 가운데 공간은 비워둔다.
▶ 비어 있는 가운데 공간에 세 개의 우산을 미리 펼쳐놓는다.
▶ 각각의 우산이 의미하는 바에 대해 설명하고, 의자에 앉은 채로 본인은 현재 어떤 상태인지 이야기 하시도록 요청한다. 이때 특정 우산을 고르면 치료사가 가져다주면서 자신의 몸을 그 우산으로 가려보게 한다. 이어서 그때 떠오른 생각이나 감정에 대해서 묻고, 만약 대형 장우산을 고른 경우 미니(소형)우산과 투명 비닐우산으로 대체를 한다면 어떨지, 가능하다고 하면 단계적으로 우산을 바꿔드리면서 그때의 생각과 소감을 나누어 보자. 물론 이 활동 중 다른 참여자들이 볼 때는 어떤지에 대한 피드백을 받아보게 하는 것도 중요하다.

6세션

1) 세부목표 : 억압된 감정 표출

2019년 9월 25일부터 30일까지, 종로구에 있는 삼청로 '갤러리 도스'에서는 김문빈 작가(홍익대학교 미술대학 동양화과 졸업)의 '그런 밤' 개인전이 열렸다. '갤러리 도스'의 블로그[85]에 따르면 전시 내용과 작가 노트는 다음과 같다.

[전시 내용]

김문빈 작가는 표출을 거부한 채 억압되어 있던 감정의 덩어리들을 무채색의 수묵화로 담담하게 표현해낸다. 교차로 위의 뭉쳐진 이불 덩어리, 먹다 버려진 빵 봉지 등은 스스로에 대한 동정을 드러내는 수단으로 장지 위에 그려진다. 작가에게 그림은 스스로에 대한 위로이다. 그림으로 표출된 억압된 감정의 응어리들은 작가의 존재를 되뇌이게 하며 감정을 추스르게 한다.

[작가 노트]

조금 더 솔직하고 이기적으로 살 걸. 나의 후회는 전반적으로 이렇게 시작된다. 자려고 침대에 누우면 끊임없는 과거로의 회귀를 겪는다. 그것은 모두 후회로 점철되어 있다. 딱히 감정을 억누르고 살아온 적은 없는 것 같은데, 가만히 생각하다 보면 그저 내뱉지 못한 말과 감정만 남아 있을 뿐이다. 나는 먹다 버려진 빵의 봉지를 바라보며 혹은 잔뜩 뭉쳐진 이불을 보며 스스로에게 그리고 타인에게 억압된 나약한 나를 떠올린다. 아무도 버린 적 없는 나는 누군가에게 그렇게 쉽게 버려졌다. 나를 알아봐달라는

---

85) 갤러리 도스 네이버 블로그. https://blog.naver.com/gallerydos/221654797159

말조차 무서워 그저 방 한구석에 가만히 구겨져 있었다. 타인의 감정에 속박되어 있는 나는 나를 동정하는 것이 유일하게 나를 사랑하는 방법이라는 것을 알아차렸다. 세상의 빛을 보지 못하고 아주 작은 미동만을 가진 채 존재하는 나의 감정은 불쑥 모습을 드러내곤 한다. 이것은 억눌리고 억눌리다 못해 작은 틈새 사이로 쥐어짜듯 나오며, 그렇기에 불쾌하다. 나와 타인이 돌봐주지 못한 감정은 제멋대로 모호한 형상을 띤다. 고요한 밤을 배경으로 침전되어 있던 감정이 담담하게 고개를 든다. 나는 나를 표출하며 스스로를 위로하기 위해 그림을 그린다. 그림으로나마 표출된 감정은 나의 존재를 되뇌기에 충분하다. 이 행위로 나는 미처 돌봐주지 못한 나의 감정을 껴안는다.

6세션의 세부목표는 '억압된 감정 표출'이다. 본 프로그램에 참여하는 노인들 중에서 특히 할머니들은 살아낸 시대 자체가 여성들에게 억압이 많았던 때라서, 이미 체화되어 있기 때문에 그것이 불합리한 것이었던가에 대한 인식이 없을 수도 있다. 따라서 감정 표출이 어느 정도나 될 수 있을까 걱정은 되지만, 그럼에도 시도를 해보자는 것이고 이왕이면 도움을 드릴 수 있도록 최선도 다해보자는 것이다.

2) 문학작품

도서 : 흔들린다 / 함민복 시, 한성옥 그림 / 작가정신 / 2017

이 그림책은 함민복 시인께서 2013년에 발표한 시에 그림을 더해 만들어진 것이다. 〈문학작품 6-1〉에 인용한 시를 읽어 보면, 흔들리지 않기 위해서는 흔들려야 할 때 흔들려야 한다는 이야기를 해주고 있다. 이는 마치 승객이 꽉 찬 지하철이나 버스에서 사람들의 움직임에 몸을 맡겨놓는 것이 오히려 덜 힘든 것과 같은 원리를 이야기 해주고 있는 것 같다.

따라서 6세션을 위한 문학작품으로 이 그림책을 선정한 이유는 흔들려야 할 때 흔들리지 못한 노인들을 위해 억압된 감정을 표출할 수 있는 기회의 필요성에 대해 이야기하기 위해서이다. 이제는 그 감정들을 충분히 드러내고 가벼워져서 세찬 바람에 더 흔들릴 수 있도록 말이다.

3) 관련 활동

① 닭잡기 놀이
전래동요이자 전래놀이인 '닭잡기 놀이'는 다음과 같은 방법으로 진행할 수 있다.

- ▶ 먼저 닭과 너구리 역할 맡을 사람을 각각 한 명씩 뽑는다.
- ▶ 두 역할에 대한 선정이 끝나면 그 외 사람들은 손을 잡고 둥그런 원을 그린 뒤, 닭장이 되어 닭은 그 안쪽에 너구리는 바깥쪽에 서서 준비를 한다.
- ▶ 전래동요를 부르면 게임이 시작되며, 닭을 잡아야 하는 너구리는 사람들이 친 장벽을 뚫고 안으로 들어가야 하고, 사람들은 닭을 지켜야 한다.
- ▶ 노래가 끝나기 전 닭이 너구리에게 잡혔거나 아직 잡히지 않았지만 노래가 끝나면 놀이도 끝나게 되며, 다음 닭과 너구리는 기존의 닭과 너구리가 지정을 한다.
- ▶ 이때 억압된 감정을 표출하지 못한 주인공은 너구리가 되어야 하며, 닭장 안으로 들어가지 못하도록 사람들이 막았을 때의 기분이 어땠는지, 그래서 어떻게 하고 싶었는지, 장벽을 보며 떠오른 사람이 있었는지, 그 사람에게 하고 싶은 이야기가 있는지 등을 단계적으로 나누어 본다.

전래동요인 '닭잡기 놀이 노래'의 가사는 다음과 같다. 이 노래는 충북 음성군에서 아이들이 '닭잡기 놀이'를 하면서 문답 형식으로 불렀던 것으로, 1995년에 임영택 씨가 음성군 원남면 보천3리의 고을출님에게서 채보하여 『한국민요대전 : 충청북도 민요해설집』[86]에 게재한 것이라고 한다.

---

86) MBC. 1995. 『한국민요대전 : 충청북도민요해설집』. 서울: MBC.

니 집은 어디갔니 / 칠월 장마에 씨러졌다
너 잡아 먹자 / 꼬꼬댁 꼬꼬댁 꼬꼬댁

니 집은 어디갔니 / 칠월 장마에 씨러졌다
너 잡아 먹자 / 꼬꼬댁 꼬꼬댁 꼬꼬댁

이어서 다음의 가사는 2019년도 창작국악동요제 앨범 『내 짝꿍』[87]에 실린 권태우
의 버전이다.

너구리가 나타났어요 너구리가 나타났어요
손에 손잡고 튼튼한 울타리를 만들어 보자
우리 집 닭장에 우리 집 닭장에 가지 못하게
꼬꼬 닭아 꼬꼬 꼬꼬 빨리 빨리 숨어라

너구리가 나타났어요 너구리가 나타났어요
달걀을 하나 주면 안 잡아먹겠다니
그 말을 믿니 그 말을 믿니 이젠 안 믿어
너구리가 도망갔다 꼬꼬닭아 나와라

---

87) 국립국악원. 2020. 『내 짝꿍 : 2019년도 창작국악동요제 앨범』. 서울: (주)예향엔터테인먼트 발매.

흔들린다

- 함민복 -

집에 그늘이 너무 크게 들어 아주 베어버린다고
참죽나무 균형 살피며 가지 먼저 베어 내려오는
익선이 형이 아슬아슬하다

나무를 가지를 벨 때마다 흔들림이 심해지고
흔들림에 흔들림 가지가 무성해져
나무는 부들부들 몸통을 떤다

나무는 최선을 다해 중심을 잡고 있었구나
가지 하나 이파리 하나하나까지
흔들리지 않으려 흔들렸었구나
흔들려 덜 흔들렸었구나
흔들림의 중심에 나무는 서 있었구나

그늘을 다스리는 일도 숨을 쉬는 일도
결혼하고 자식을 낳고 직장을 옮기는 일도
다
흔들리지 않으려 흔들리고
흔들려 흔들리지 않으려고
가지 뻗고 이파리 틔우는 일이었구나

『눈물을 자르는 눈꺼풀처럼 / 함민복 지음 / 창비 / 2013』

1) 세부목표 : 인지 재구조화 1 – 대안적 사고 모색과 전환

2001년도 '내셔널 북 어워드(National Book Awards)'에서 논픽션상을, 미국우울증협회 선정 '프리즘 어워드'에도 선정되었다는 책 『한낮의 우울』[88]에는 다음과 같은 내용도 포함되어 있다.

우리는 행복에 대해서는 항상 더 덧없음을 느끼는 반면 우울한 감정에 빠져 있을 때는 그 상태가 영원히 지속될 것 같은 느낌을 갖는다. 기분은 변하는 것이라고, 오늘의 기분은 내일이면 달라지리라 믿는다고 해도 슬픔에 빠져들 듯 행복감에는 푹 빠져들지 못한다. 내 경우, 슬픔은 늘 존재해 왔고 아직도 보다 강력한 감정으로 존재한다. 그것은 만인의 보편적인 체험은 아닐지라도 우울증이 자라나는 토대일 수는 있다. 나는 우울증에 빠지는 게 싫었지만 우울증 속에서 나 자신의 크기, 내 영혼의 최대한의 범위를 알게 된 것이 사실이다. 나는 행복할 때는 행복감 때문에 마음이 좀 산란해진다. 행복감이 내 정신과 두뇌 속에서 활동을 원하는 어떤 부분을 이용하는데 실패하기라도 한 것처럼, 우울증으로부터의 탈출은 싫어하는 일에서 은퇴하는 것과 같아서 너무도 행복하게 들리는 그 자유 시간을 받아들이기가 좀 힘이 든다. 상실의 순간에 나의 이해력은 강화되고 예리해진다. 유리로 된 물체가 내 손에서 미끄러져 바닥으로 떨어지는 순간 나는 그것의 아름다움을 완벽하게 볼 수 있다. 쇼펜하우어는 이렇게 말했다. "우리는 기대했던 것보다 기쁨은 훨씬 덜 기쁘게, 고통은 훨씬 더 고통스럽게 느낀다. 배가 똑바로 나아가려면 바닥짐을 실어야 하듯, 우리에겐 늘 어느

---

88) 앤드류 솔로몬 지음, 민승남 옮김. 2004. 앞의 책. pp. 37-38.

정도의 근심이나 슬픔이나 결핍이 필요하다."

러시아에서는 "잠에서 깨었을 때 아무 고통이 없다면 죽은 줄 알라."는 말이 있다. 인생은 고통뿐인 건 아니지만 격렬한 고통의 체험은 생명력의 가장 확실한 표시다. 다시 쇼펜하우어의 말을 들어보자. "만물이 저절로 자라고, 구워진 칠면조들이 날아 다니고, 연인들이 지체 없이 서로를 발견하고 아무 어려움 없이 서로를 지킬 수 있는 유토피아로 우리 인류가 이주했다고 상상해 보자. 그런 곳에서 살게 되면 어떤 사람 들은 권태로 죽거나 목을 매달고 어떤 사람들은 싸워서 서로 죽이는 식으로 자연이 가하는 것보다 더 많은 고통을 스스로 만들어 낼 것이다. …… 고통의 정반대는 권태 이다." 나는 고통은 변형되어야 하되 잊혀져선 안 되고, 부정되어야 하되 지워져선 안 된다고 믿는다.

마치 이 내용은 모든 사람이 갖고 있는 '불안'이라는 감정이 더 주의하게 하고 준비 하게 해서 결국 사람들을 위험으로부터 지켜준다는 프로이트의 말과 비슷하게 느껴 진다. 그렇지만 불안도 커지면 결국 자신의 능력을 발휘할 기회를 놓치는 것처럼, 고 통도 너무 크면 더 많으면서도 또 다른 고통을 유발하기 때문에 변형 및 부정되어야 한다.

7세션의 세부목표는 인지 재구조화를 위한 첫 번째 시간으로 '대안적 사고 모색과 전환'이다. '대안적 사고'는 어떤 상황이나 문제에 대해 새로운 방안을 생각해 보는 것으로, 다음과 같은 질문을 스스로에게 던져보는 것이 도움 될 수 있다.

▶ 이 상황(문제)에 대해 다른 생각이 가능한가?
▶ 어떻게 하는 것이 보다 합리적(논리적)일까?
▶ 어떻게 하는 것이 내게 도움이 될까(행복감을 줄까)?
▶ 어떻게 하는 것이 타인들과의 관계를 유지하는데 도움이 될까?
▶ 이런 상황일 때 다른 사람들은 어떻게 할까?

2) 문학작품

도서 : 다르면 다 가둬! / 앙리 뫼니에 글, 나탈리 슈 그림, 배유선 옮김 / 아름다운사람들 /
　　　2016

　7세션을 위해 선정한 문학작품은 그림책으로, 이미 제목에서부터 드러나 있듯이 다름을 인정하고 존중하지 않으면 어떤 문제가 발생할 수 있는지 보여줌으로써, 결국 모든 사람들은 수용 받을 대상이라는 점을 알려준다.

　이 그림책을 선정한 이유는 그동안 대안적 사고를 모색하지 못한 채 우울증을 겪고 있는 노인들의 어려움이, 어쩌면 관습이나 사회 문화적인 측면, 성별, 위치 등으로부터 비롯된 것이 아닐까 생각했기 때문이다. 즉, 그런 측면들에 의해 가둬지기도 했겠지만 본인 스스로 깨고 나가지 못한 것은 아닐까 싶다는 것이다. 따라서 이 활동은 오랜 시간 가둬둔, 그래서 고착화되어버린 인지 구조를 바꿔보기 위한 시도이다.

3) 관련 활동

① 타당성 검토와 대처 방안 모색

　이 활동은 앞서 대안적 사고를 위해 스스로에게 던져볼 필요가 있는 질문들과 연결되는 것으로, 특정 상황을 두고 과연 그 생각이 타당한지, 더 나은 대안은 없는지 등에 대해 이야기를 나누어 보는 것이다. 이때 집단 프로그램이라는 특성을 살려, 하나의 상황에 서로 다른 생각과 대안이 있다는 것을 드러내고 나눌 수 있다면 모든 참여자들에게 도움이 될 것이다.

6세션

1) 세부목표 : 인지 재구조화 2 – 내적 자원 형성

다음의 글은 '고도원의 아침편지'[89] 2020년 5월 7일자 오늘의 아침편지 내용이다.

내적 자원

우리 모두는 자신의 내적 자원을 보살피는, 두려움에 직면해서도 두려움 없는 가슴을 발견하는 법을 배울 수 있다. 자원의 닻은 아주 다양하다. 믿음직한 친구나 영적인 인물을 떠올리고, 나무에 기대고, 자신의 가슴을 어루만지고, 바위를 껴안을 수 있다. 그러한 것들이 깨우는 긍정적 내면 상태에 온전히 집중하는 것이 우리의 삶을 품는 부드러운 현존감을 직접 보살피는 일이다.

- 타라 브랙의 『끌어안음』[90]중에서

*내적 자원은 눈에 보이지 않습니다. 가려져 있지만 때가 되면 냉철함, 기민함, 통찰력으로 사람 앞에 그 가치를 드러냅니다. 내적 자원은 고독과 두려움의 고통을 거쳐 닻을 내립니다. 그래서 다른 사람의 영적 길잡이가 될 수 있고, 사랑과 위로를 나누는 힐러가 될 수 있습니다. 꽃, 나무, 바위, 물소리와 새소리 들리는 숲길도 내적 자원을 발견하는 통로입니다. 좋은 훈련장입니다. 오늘도 많이 웃으세요.

---

89) 고도원의 아침편지 홈페이지. https://www.godowon.com/last_letter/view.gdw?no=6342

90) 타락 브랙 지음, 추선희 옮김. 2020. 『끌어안음』. 서울: 불광출판사.

2) 문학작품

도서 : 비에도 지지 않고 / 미야자야 겐지 글, 야마무리 코지 그림, 엄혜숙 옮김 /
    그림책공작소 / 2015

8세션을 위해 선정한 이 그림책 역시 1931년에 발표된 시를 바탕으로 완성된 것이
다. 〈문학작품 8-1〉에 소개한 시의 전문을 보면, 시인은 다른 사람들에게 멍청이라고
불리거나 칭찬을 받지 않고 미움도 받지 않는 사람이 되고 싶다고 말한다. 이 구절만
보면 보통 평범한 사람처럼만 느껴지는데, 그 앞의 내용에서는 내적 자원이 풍부해
따뜻하고 평온하면서도 행복한 사람일 거라는 점을 알 수 있다. 따라서 이 그림책은
참여 노인들에게도 내적 자원이 있을 것이라는 점을 알리고, 그것을 함께 찾아보자는
제안을 하기 위해서 선정했다.

3) 관련 활동

① 숨은 자원 찾아 긍정의 힘 갖기

사람들은 누구나 '제 잘난 맛'에 따라 산다. 이 말을 달리 해석해 보면 누구에게나
잘난 부분이 있다는 것이다. 다만 그것을 스스로 인정하느냐, 아니면 타인들의 평가
에 의존하느냐의 차이겠는데, 자기 자신으로 범위를 한정해서 그 중 잘하는 것을 찾
아보게 하자. 이어서 그것들을 큰 글자로 적어두고 "나는 이것과 이것을, 그리고 저것
도 잘하는 사람입니다."라는 문장으로 완성해 큰 소리로 발표도 하고 속으로도 되뇌
게 해보자.

비에도 지지 않고

- 미야자와 겐지 -

비에도 지지 않고 바람에도 지지 않고

눈에도 여름 더위에도 지지 않는

튼튼한 몸으로 욕심은 없이

결코 화내지 않으며 늘 조용히 웃고

하루에 현미 네 홉과 된장과 채소를 조금 먹고

모든 일에 자기 잇속을 따지지 않고

잘 보고 듣고 알고 그래서 잊지 않고

들판 소나무 숲 그늘 아래 작은 초가집에 살고

동쪽에 아픈 아이 있으면 가서 돌보아 주고

서쪽에 지친 어머니 있으면 가서 볏단 지어 날라 주고

남쪽에 죽어가는 사람 있으면 가서 두려워하지 말라 말하고

북쪽에 싸움이나 소송이 있으면 별거 아니니까 그만두라 말하고

가뭄 들면 눈물 흘리고 냉해 든 여름이면 허둥대며 걷고

모두에게 멍청이라고 불리는

칭찬도 받지 않고 미움도 받지 않는

그러한 사람이

나는 되고 싶다

『비에도 지지 않고 / 미야자와 겐지 글, 야마무리 코지 그림, 엄혜숙 옮김 / 그림책공작소 / 2015』

1) 세부목표 : 자기조절능력 증진

김기정[91]은 '자기조절능력의 뇌과학적 이해와 교육적 시사점'이라는 연구 논문을 통해 자기조절능력 관련 여러 선행연구들을 분석하여 다음과 같이 개념과 요소를 정리했다.

자기조절능력이란 '개인이 내적, 외적으로 일어나는 불일치 상황 속에서 더 바람직한 요구가 무엇인지 판단하고, 이에 맞추어 자신의 인지, 동기, 정서 및 행동의 방향을 계획하고, 수행하며 스스로를 평가할 수 있는 능력'이다.

자기조절의 구성 요소는 인지 · 동기 · 정서 · 행동적 자기조절능력으로 구성된다. 인지적 자기조절능력은 첫째, 다양한 감각 자극 중 중요한 내용에 주의를 집중하는 과정과 정보를 부호화하여 장기 기억에 저장하는 과정, 그리고 장기 기억에 저장된 정보를 인출하는 과정을 효과적이고 효율적으로 수행하는 능력을 말한다. 둘째, 이러한 정보의 주의 집중, 저장, 인출 과정에 대하여 점검을 하고 목표를 수정하는 메타인지능력이다. 인지적 자기조절능력은 이 두 가지를 포함한 것이라 할 수 있다. 동기적 자기조절능력은 목표 달성을 위해 노력을 시작하고 유지하는 것이다. 자신의 동기를 인식하는 것부터 동기적 자기조절이 시작되며, 이러한 동기가 유지될 수 있도록 불필요한 자극을 통제하는 것을 포함한다. 정서적 자기조절능력은 다양한 부정적 정서를 긍정적 정서로 변화시킬 수 있는 능력을 말한다. 사람들은 다양한 문제 상황에서 불

---

91) 김기정. 2017. 『자기조절능력의 뇌과학적 이해와 교육적 시사점』. 석사학위논문. 서울교육대학교 교육전문대학원 초등교육심리전공. pp. 69-70.

안, 공포, 실망, 슬픔과 같은 부정적 정서를 경험한다. 부정적 정서는 자연스러운 감정이 되기도 하지만, 상황에 따라 부정적 정서가 곤란에 처하도록 할 수 있다. 따라서 이러한 상황적 요구에 맞추어 자신의 부정적 정서를 희망, 안도, 기쁨, 만족 등과 같은 긍정적 정서로 전환하여야 하며, 이러한 정서적 조절을 잘 하는 경우 여러 측면에서 긍정적인 결과를 얻을 수 있다. 행동적 자기조절능력은 환경의 요구에 알맞게 자신의 행동을 억제하거나 시작함으로써 상황에 적합하게 행동할 수 있는 능력이다. 다른 사람과 대화하거나, 학습하는 상황에서 다른 사람의 말이나 학습 내용에 주의를 집중하여야 하며, 이때 불필요한 자극에 주의를 빼앗기지 않아야 한다. 또한 부정적 정서로 인하여 자신의 감정을 표출하고 싶은 경우, 맥락적 상황을 고려하여 자신의 분노나 적대감을 함부로 표출하지 않도록 행동을 통제해야 한다. [중략]

　이러한 자기조절능력에 영향을 주는 대표적인 뇌의 부위는 대뇌피질의 전두엽과 전전두피질, 안와전두피질이 있으며, 변연계와 편도체, 그리고 해마가 중요한 역할을 담당하고 있다. 변연계는 감정의 중추로서 다양한 정서적 반응을 일으키고 이를 조절한다. 변연계에서 일어나는 정서의 종류와 크기에 따라 아동의 감정에 변화가 일어난다. 편도체는 감각 정보를 처리하며, 여러 정서를 조절한다. 편도체에서 주로 무엇인가를 하고 싶다는 욕구가 발생되며, 이러한 욕구는 동기로 발전한다. 해마는 기억을 담당하는 뇌의 부위로, 특히 감정을 동반한 정보는 해마에 쉽게 전달되어 기억의 형성이 쉽게 이루어진다.

　9세션의 세부목표는 '자기조절능력 증진'이다. 앞서 소개한 이론적 측면들을 잘 숙지한 뒤, 참여 노인들에게 어떤 측면에서의 자기조절능력이 요구되는지 파악한 후 적정 도움을 드리기 위한 노력을 하면 되겠다.

2) 문학작품

도서 : 숨을 쉬며 내가 되어요 : 마음 챙김 시 모음 / 케이트 쿰스 글,
    안나 에밀리아 라이티넨 그림, 김선희 옮김 / 담앤북스 / 2020

나는 천천히 들이마셔요.
천천히 숨을 내쉬어요. 내 숨은,
평화로운 강물이에요.
나는 여기 이 세상에 있어요.
숨을 쉬는 순간, 순간, 나는 내가 되어요.

헉헉, 나는 서둘러요.
내 생각도 새처럼 팔랑팔랑, 휘리리릭 날아다녀요.
서서히 생각이 느려져요.
내게 고요함이 찾아와요.
숨을 쉬며 내가 되는 시간이에요.

'마음 챙김(Mindfulness)'은 불교의 명상에 뿌리를 둔 단어로, 일반적으로 산스크리트어 스므리티, 팔리어 싸띠(sati)에서 유래해 '매 순간 순간의 알아차림(moment-by-moment awareness)'으로 해석된다. 이는 상담치료 분야에서 널리 사용되는 '통찰(insight)'와 비슷한 개념으로, 결국 매 순간 깨어 있음으로 인해 내 상태를 알 수 있고, 또 그럼으로써 문제에 빠지지 않거나 문제로부터 벗어날 수 있다는 것이다.

9세션의 문학작품으로 선정한 이 그림책은 마음 챙김의 시를 모아 놓은 것이다. 고요한 상태로 자신의 마음에 집중해 보는 것은 나를 찾으며 조절을 할 수 있는 기반이 될 것 같아서 참여 노인들에게도 소개해 드리고 싶은 마음이었다.

3) 관련 활동

① 호흡법 배우기

다음에 소개하는 호흡법은 노인들의 호흡기를 강화하는 방법이라며 대한호흡재활 연구회 등에서 배포한 것으로, 이 세션에서는 호흡 명상의 일환처럼 집중과 관찰을 통해 자기 조절력을 높일 수 있도록 돕는데 목표가 있다. 구체적인 방법은 다음과 같다.

▶ 이완 호흡 : 앉아서 턱을 괴거나 선반·창틀에 팔을 걸치고 상체를 앞으로 약간 굽힌 다음, 숨을 천천히 들이마시고 내뱉기

▶ 횡격막 호흡 : 의자에 앉거나 누워서 한 손은 가슴에, 한 손은 배에 올린 뒤 배만 움직이도록 숨을 마시고 내뱉기

▶ 입술 오므림 호흡 : 코로 숨을 들이마시고 입을 둥글게 오므려 주머니처럼 만든 뒤 입으로 천천히 내뱉기(들이마실 때보다 두 배로 더 길게 내뱉어야 함)

1) 세부목표 : 자아존중감 증진

자아존중감은 자기 자신이 가치 있고 소중하며 유능하고 긍정적인 존재라고 믿는 마음을 뜻하는 단어로, 미국의 의사이자 철학자인 윌리엄 제임스(William James)[92]가 1890년도에 처음 사용하였다.

한 사람의 자아존중감은 영·유아기 때부터 노년기에 이르기까지 다양한 요소들로부터 영향을 받는데, Orth, Trzesniewski, Robins[93]가 미국인의 삶의 변화 연구에서 가져온 데이터를 토대로 25세에서 104세 사이의 3,617명을 대상으로 16년 동안 4개의 영역에 걸쳐 평가한 결과에 따르면, 자아존중감은 젊었을 때부터 중년기까지 계속 증가하고 약 60세 무렵에 정점에 도달한 다음 노년기에 접어들면서 감소하는 것으로 나타났다.

노인의 자아존중감은 노년기 삶에 가장 필요한 요소이지만 자아존중감을 획득하기에 매우 힘들 뿐 아니라 취약하기도 하다. 매슬로우(Abraham Maslow)는 인간이 기본적인 욕구(생리적 욕구, 안전의 욕구, 소속의 욕구, 자아존중의 욕구, 자아실현의 욕구)를 갖고 있다고 했기 때문에, 노인 역시 그 욕구를 충족하고 싶어 한다. 그러나 노화로 인해 기대 욕구에 미치지 못할 경우 자신의 삶을 통제하지 못하고 의존적이 되는 경향이 있으며,

---

92) James, William. 1980. *The principles of psychology*. New York: Holt.

93) Orth, U., Trzesniewski, K. H., & Robins, R. W. 2010. Self-esteem development from young adulthood to old age : A cohort-sequential longitudinal study. *Journal of Personality and Social Psychology*, 98(4): 645-658.

물리적 공간이 침해당하는 경우 자아존중감이 감소한다. 노인에게 자아존중감이 저하된다는 것은 사회적 좌절 증상 주기에 대한 감수성이 증가한다는 것인데, 사회적 좌절 증상 주기(Social Breakdown Syndrome Cycle)는 타인의 가치 판단과 사회적으로 일컬어지는 호칭에 의해 위협받는 것으로, 자아 평가를 잘하는 민감한 사람에게 영향을 줄 수 있다.[94]

10세션의 세부목표는 '자아존중감 증진'이다. 프로그램에 참여하고 계실 노인들도 건강 상태, 경제적 여건, 자녀 및 손자녀들과의 관계 등에 따라 자아존중감에 차이가 있겠지만, 우선 정신 건강의 측면에서는 공통되게 어려움을 겪고 계시기 때문에 본인을 조금 더 존중하는 마음을 키울 수 있도록 도와드리는데 초점을 맞추는 것이 중요하겠다.

2) 문학작품
도서 : 천하무적 영자 씨 / 이화경 글 · 그림 / 달그림 / 2020

'당차다'는 한 단어로 개성을 압축해 표현할 수 있는 할머니가 있다. 왜냐하면 그녀는 김치 한 가지만으로도 밥을 맛있게 많이 먹고, 커다란 수박을 여섯 통씩이나 머리에 이고 갈 수 있을 만큼 힘이 세다. 또한 거미나 나방을 맨손으로 처치하는 것도 두렵지 않고, 매번 투덜대는 옆 동네 김 이장도 눈빛으로 제압해 버린다. 그러나 이런 그녀에게도 세월의 흐름은 똑같이 적용되어 몸이 예전 같지 않음을 느낀다. 그러나 그동안 모든 것들을 씩씩하게 이겨냈기에 어떤 변화에도 잘 대응하리라는 믿음이 간다.

10세션을 위한 문학작품으로 선정한 이 그림책은 프로그램에 참여한 노인들과 연배가 비슷한 할머니가 주인공이다. 다만 차이점이라면 씩씩하며 당찬 천하무적이다.

---

94) 전산초, 최영희. 1990. 『노인간호학』. 서울: 수문사.

따라서 영자 할머니의 모습을 통해 자신들에게도 그런 모습들이 있었음을 떠올려 봄으로써, 자신에 대한 존중감을 높일 수 있도록 활용하기 위한 선정 의도가 있다.

3) 관련 활동

① 노인이 되어 얻은 것 콜라주로 표현하기

나이를 먹어 가면서 자연스럽게 잃는 것도 있지만, 뜻하지 않게 얻는 것도 있다. 일례로 나이를 먹어 가면서 젊음과 건강은 잃게 되지만, 삶의 지혜와 여유는 얻게 되는 것처럼 말이다.

이 활동은 참여자들이 각자의 입장에서 노인이 되었더니 나름 얻은 것들이 있어 뿌듯하다는 감정을 불러일으키는데 목표가 있다. 활동을 위해 여러 종류의 잡지, 신문, 가위, 풀, 8절 도화지를 준비해서 나누어 드리고, 자유롭게 표현한 뒤 함께 나누는 시간을 가지면서 각각의 내용에 동감의 박수를 보내드리면 좋겠다.

11세션

1) 세부목표 : 자기효능감 증진

Bandura[95]는 인간을 자신의 감정, 사고, 행동을 통제할 수 있는 능력을 지닌 존재로 보았다. 그는 인간이 자기조절능력을 활용하는 과정 중에 나타나는 신념으로 자기효능감의 개념을 설명하였다. 즉, 자기효능감이란 개인이 어떤 행동을 하거나 자신에게 주어진 활동을 성공적으로 수행할 수 있는 스스로의 능력에 대한 신념을 가리키는 것이며, 개인이 소유하고 있는 능력의 정도와 관련된 것이 아니라 소유하고 있는 능력들을 활용해 목표 달성 상황에서 주어진 과제를 유능하게 해낼 수 있다는 신념과 관련이 있다.

개인의 정서와 사고과정에 영향을 미치기 때문에 자기효능감이 낮다는 것은 자신감이 부족하다는 것을 의미하며, 자신감이 부족하면 스스로의 결점을 과장되게 인지하고, 이런 심리적 상태가 자신에게 주어진 과제에 대해 실제보다 어렵다고 판단하게 하는 것이다. 이런 사람들은 자신의 결점에 지나치게 주의를 집중하게 되며, 주어진 과제에 대해 충분한 주의를 기울이지 못하게 된다. 많은 연구자들에 따르면, 이런 자신감 결여의 경향이 주어진 과제에 대한 실패의 가능성을 높인다고 하였다. 반대로 자기효능감은, 미래에 성공적인 결과를 획득할 것으로 기대되는 활동에 참여하도록 개인을 동기화시킴으로 개인의 흥미 형성에 영향을 미치기도 한다.[96]

---

95) Bandura, Albert. 1984. Recycling misconceptions of perceived self-efficacy. *Cognitive Therapy and Research*, 8(3): 231-255.

96) Schmitt-Rodermund, E. & Vondracek, F. W. 1999. Breadth of interests, exploration, and identity development in adolescence. *Journal of Vocational Behavior*, 55(3): 298-317.

따라서 자기효능감은 노년기에도 중요하다. 그러므로 비록 노화와 질병 등으로 무엇인가를 잘 해낼 수 있다는 믿음 또한 많이 위축되어 있겠지만, 11세션의 세부목표 달성을 위해서 기존에 잘했던 것들을 회상하며 다시 시도를 해보고 싶다는 동기를 불러일으키는 시간으로 운영하면 되겠다.

2) 문학작품

도서 : 뚝딱뚝딱 할머니 / 수아현 지음 / 한솔수북 / 2017

나를 위해 재미있는 이야기도 들려주고, 뚝딱뚝딱 무엇인가도 잘 만들어주는 사람이 있다면 얼마나 좋을까? 이 그림책에 등장하는 손녀 나라에게는 그런 할머니가 계시다. 손만 대면 무엇이든지 뚝딱 만들어 낸다고 해서 붙여진 별명 뚝딱뚝딱 할머니, 할머니는 손녀와 통화를 하면서 보물지도를 만들었고, 뼈다귀 공룡을 만났으며, 욕조를 만들면서 물이 퐁퐁 솟아나는 연못도 만들었다고 말하며 나라의 상상력을 자극한다. 드디어 방학이 시작되어 할머니를 만나러 온 나라는, 할머니가 준비한 만능 캠핑카 고고씨를 타고 모험을 떠난다.

11세션의 문학작품으로 이 그림책을 선정한 이유는 놀라운 손재주를 발휘하고 있는 주인공 할머니 때문이다. 마침 이번 세션의 목표가 자기효능감 증진이니, 참여 노인들도 그림책의 주인공 뚝딱뚝딱 할머니와 동일시하여 자신의 능력들을 회상하실 수 있도록 이끌면 되겠다.

3) 관련 활동

① 나의 7가지 능력 적기

이 활동 역시 타인과의 대조보다는 개인 내 점검을 통해 그래도 잘했던 것, 여전히 잘하고 있는 것들 중 최대 7가지를 적어보시게 하면 된다. 노인들이 간단히 작성할 수 있는 활동지 양식은 〈관련 활동 11-1〉에 제시했다.

나의 7가지 능력 적기

전성기 때만큼은 아니지만 여전히 잘하고 계신 혹은 잘할 수 있다고 자부할 것이 있으신가요?

요리, 도끼질, 게이트볼과 같이 항목을 구체적으로 적은 다음,

능력치가 어느 정도라고 생각하시는지 10점 만점으로 표시도 해주세요.

능력 항목	능력치									
	1	2	3	4	5	6	7	8	9	10
	1	2	3	4	5	6	7	8	9	10
	1	2	3	4	5	6	7	8	9	10
	1	2	3	4	5	6	7	8	9	10
	1	2	3	4	5	6	7	8	9	10
	1	2	3	4	5	6	7	8	9	10
	1	2	3	4	5	6	7	8	9	10

12세션

1) 세부목표 : 긍정적 미래관 형성

가치관은 행동이나 결과를 이끌어내기 위한 광범위한 선호도의 개념으로, 인간의 가치관은 당사자의 태도와 행동에 영향을 주게 된다.[97] 미래에 대한 긍정적 가치관, 즉 긍정적인 미래관(optimism and control over the future)은 개인이 지니는 미래에 대한 긍정적인 정도, 미래에 대한 통제로, 미래에 대한 낙관, 본인의 가능성에 대한 판단, 부당한 상황을 극복하기 위한 변화의 시도를 의미한다.[98] 이러한 긍정적 가치관은 삶에 대한 태도, 성과 향상, 만족 등에 많은 영향을 미치게 된다. 또한 긍정적 가치관은 성과 향상과 만족 등을 증가시키는 개념인 심리적 임파워먼트(psychological empowerment)를 증가시키기 위한 기본적 요소로 간주된다.[99]

마지막 12세션의 세부목표는 '긍정적 미래관 형성'이다. 사실 이 세부목표는 본 프로그램에 참여한 노인들, 가족들, 더불어 치료를 돕고 있는 의료진들, 나아가 준비 및 운영을 한 치료사 자신도 간절히 원하는 바일 것이다. 하지만 모든 결과가 그렇듯 본 프로그램에 참여한 노인들 가운데에는 많은 도움을 받은 분, 약간 도움을 받은 분, 전혀 도움을 받지 못한 분도 계실 것이다. 그럼에도 분명 독서치료 전문가로서 성실히 임했다면 그 마음이 전달되었을 거라 생각된다.

---

97) Schermerhorn, R. J., Osborn, R. N., Uhl-Bien, M. & Hunt, J. G. 2011. *Organizational Behavior (12th Ed)*. John Wiley and Sons, Asia.

98) Y. S. Kim, 2014. *The Effects of Elderly Education on Life Satisfaction : Focus on the Mediation Effect of Psychological Empowerment*. Doctoral Dissertation, SoongSil University, Seoul.

99) Rogers, E. S., Chamberlin, J., Ellison, M. L. & Crean, T. 1997. A Consumer-constructed Scale to Measure Empowerment among Users of Mental Health Services. *Psychiatric Services*, 48(8): pp.1042-1047.

2) 문학작품

시 : 삶을 살지 않은 채로 죽지 않으리라 – 마음 챙김의 시 中 / 도나 마르코바 지음,
　　류시화 엮음 / 수오서재 / 2020

『마음 챙김의 시』라는 책 안에 포함되어 있는 시로, 세상이 나를 알아주지 않아도 나의 삶을 살 것을 선택한다는 의지가 느껴지는 시다. 시의 전문은 〈문학작품 12-1〉에 제시를 했다.

노래 : 살아야지 – 공존 앨범 中 / 채정은 작사, 최남욱 · 임재범 작곡, 박인영 편곡,
　　임재범 노래 / ㈜EMI뮤직코리아 발매 / 2004

산다는 것이 참으로 지치고 고단해서 때로 서럽고 자꾸 화도 나지만, 그럼에도 삶이 다 그렇기 때문에 계속 살아내야겠다는 다짐이 담겨 있는 노래다. 노래 가사는 〈문학작품 12-2〉에 제시했다.

12세션을 위해 이 두 편의 문학작품을 선정한 이유는, 마지막 시간이기 때문에 응원을 보내드리기 위해서이다.

3) 관련 활동

① 지난 이야기들 회상하기

드디어 마지막 12세션이다. 따라서 이 활동은 1세션부터 11세션까지 함께 나누었던 이야기들을 회상하면서, 우리가 어떤 과정을 거쳐 왔는지, 그 사이 어떤 변화들이 있었는지를 점검해 보기 위한 것이다.

② 참여 소감 나누기

삶을 살지 않은 채로 죽지 않으리라

- 도나 마르코바 -

나는 삶을 살지 않은 채로 죽지 않으리라.

넘어지거나 불에 델까

두려워하며 살지는 않으리라.

나는 나의 날들을 살기로 선택할 것이다.

내 삶이 나를 더 많이 열게 하고,

스스로 덜 두려워하고

더 다가가기 쉽게 할 것이다.

날개가 되고

빛이 되고 약속이 될 때까지

가슴을 자유롭게 하리라.

세상이 나를 알아주지 않아도 상관하지 않으리라.

씨앗으로 내게 온 것은

꽃이 되어 다음 사람에게로 가고

꽃으로 내게 온 것은 열매로 나아가는

그런 삶을 선택하리라.

『마음 챙김의 시 / 류시화 엮음 / 수오서재 / 2020』

살아야지

- 채정은 작사, 최남욱 · 임재범 작곡, 박인영 편곡, 임재범 노래 -

산다는 건 참 고단한 일이지

지치고 지쳐서 걸을 수 없으니

어디쯤인지 무엇을 찾는지

헤매고 헤매다 어딜 가려는지

꿈은 버리고 두발은 딱 붙이고

세상과 어울려 살아가면 되는데

가끔씩 그리운 내 진짜 인생은

아프고 아파서 참을 수가 없는 나

살아야지 삶이 다 그렇지

춥고 아프고 위태로운 거지

꿈은 버리고 두 발은 딱 붙이고

세상과 어울려 살아가면 되는데

날개 못 펴고 접어진 내 인생은

서럽고 서러워 자꾸 화가 나는 나

살아야지 삶이 다 그렇지

작고 외롭고 흔들리는 거지

『공존 / (주)EMI뮤직코리아 발매 / 2004』

우울 극복을 위한

독서치료

나가기

이 책을 쓰면서 필자들도 우울감을 겪었다. 왜냐하면 어떤 날에는 글이 잘 써지지 않았고, 또 어떤 날에는 이미 써놓은 글을 읽으며 이게 무슨 이야기인가, 내 필력이 이 정도밖에 안 되는구나 싶었기 때문이다. 그럼에도 그 시간들을 견뎠더니 이렇게 또 한 권의 책이 만들어졌다.

'우울'을 비유하는 표현은 다양하다. 대부분이 쉽게 극복할 수 없다는 부정적인 뉘앙스를 갖고 있지만, 사람의 의지는 모든 것을 이겨낼 수 있을 만큼 강하다. 다만 그 마음을 먹기가 어려울 테고, 때로는 누군가의 도움도 필요할 것이다.

이 책은 그런 맥락에서의 독서치료적 접근 방안이다. 우울증을 겪는 분들도 워낙 다양한 양상을 보이기 때문에, 특정 프로그램이 어떤 사람에게 절대적인 효과를 줄 것이라는 장담을 할 수는 없다. 하지만 분명 함께 읽고 이야기를 나누며 활동까지 세 단계의 상호작용을 하는 독서치료가, '우울증'을 겪는 사람들에게 작은 버팀목이 되어줄 수는 있을 것이다.

어둠은 영원하지 않다. 그리고 그런 어둠 속에도 별은 존재한다.

- Ursula K. Le Guin

부디 어딘가에서 반짝이고 있을 나의 별을 찾기 바란다.

주제별 독서치료 시리즈 2 – 우울

우울 극복을 위한 독서치료

초판 1쇄 2021년 06월 03일
초판 2쇄 2024년 04월 04일
저   자 임성관 · 김은하 · 문선경 · 이현정
발 행 인 권호순
발 행 처 시간의물레
등   록 2004년 6월 5일
주   소 경기도 파주시 숲속노을로 150, 708-701
전   화 031-945-3867
팩   스 031-945-3868
전자우편 timeofr@naver.com
블 로 그 http://blog.naver.com/mulretime
홈페이지 http://www.mulretime.com
I S B N 978-89-6511-357-7 (93020)
정   가 16,000원